Joachim Koll/Reinhard Schiffmann

Wertanlage Märklin

Joachim Koll/Reinhard Schiffmann

Wertanlage Märklin

Das Handbuch für Sammler und zur Wertanlage

Augustus Verlag Augsburg

Die Deutsche Bibliothek – CIP-Einheitsaufnahme

Koll, Joachim/Schiffmann, Reinhard:
Wertanlage Märklin : das Handbuch für Sammler und zur Wertanlage /
von Joachim Koll/Reinhard Schiffmann –
Augsburg : Augustus Verl.; 1996
    (Die elektrische Eisenbahn Märklin)
    ISBN 3-8034-0361-7
NE: Koll, Joachim; Schiffmann, Reinhard

Das Werk einschließlich aller seiner Teile ist urheberrechtlich geschützt. Jede Verwertung außerhalb des Urhebergesetzes ist ohne Zustimmung des Verlages unzulässig und strafbar. Das gilt insbesondere für Vervielfältigungen, Übersetzungen, Mikroverfilmungen und die Einspeicherung und Verarbeitung in elektronischen Systemen.

Es ist deshalb nicht gestattet, Abbildungen dieses Buches zu scannen, in PCs oder auf CDs zu speichern oder in PCs/Computern zu verändern oder einzeln oder zusammen mit anderen Bildvorlagen zu manipulieren, es sei denn mit schriftlicher Genehmigung des Verlages.

Die im Buch veröffentlichten Ratschläge wurden von Verfasser und Verlag sorgfältig erarbeitet und geprüft. Eine Garantie kann dennoch nicht übernommen werden. Ebenso ist die Haftung des Verfassers bzw. Verlages und seiner Beauftragten für Personen-, Sach- und Vermögensschäden ausgeschlossen.

Jede gewerbliche Nutzung der Arbeiten und Entwürfe ist nur mit Genehmigung von Verfasser und Verlag gestattet.

Bei der Anwendung in Kursen ist auf dieses Buch hinzuweisen.

Idee, Konzeption: EuropMedia Verlag, 87660 Irsee
Modellfotografie: Joachim Koll, Archiv Märklin, Daniel Wietlisbach
Umschlaggestaltung: Christa Manner, München
AUGUSTUS VERLAG in der
Weltbild Verlag GmbH, Augsburg 1996
© EuropMedia Verlag GmbH, 87660 Irsee
Satz: Gesetzt in 10/12 Punkt Palatino bei MediaService, 87660 Irsee
Reproduktion: fotolitho Stampfer, Bozen
Druck und Bindung: Westermann Druck Zwickau GmbH
Gedruckt auf 150 g umweltfreundlich elementar chlorfrei gebleichtes Papier
ISBN 3-8034-0361-7
Printed in Germany

Inhaltsverzeichnis

Geschichte der Firma Märklin — 8
Die Geburt der Modelleisenbahn — 12
Die Katastrophe im Kinderzimmer — 14
Antriebsarten u. Schaltungen – Uhrwerk — 16
Antriebsarten u. Schaltungen – Spiritusbetrieb — 18
Antriebsarten u. Schaltungen – elek. Betrieb — 20

Tinplate

Gleissysteme der großen Spurweiten — 23
Läutewerke und Pfeifeinrichtungen — 26
Verwendete Materialien und deren Bearbeitung — 28
Kupplungen — 30
Verpackungen — 32
Markierungen der Produkte — 34
Sammelsystematik — 36
Beschaffungsmöglichkeiten — 39
Wertanlage — 40
Restaurierungen, Nachbauten und Fälschungen — 42
Lokomotiven — 46
Personenwagen — 50
Güterwagen — 54
Zubehör — 58

Die „neue Spur 1"

Einführung der neuen Spur 1 — 62
Antriebsarten – Motoren und Schaltungen — 64
Das neue Gleissystem — 65
Lokgeräusche und Pfeifeinrichtungen — 66
Verwendete Materialien — 67
Kupplungen — 68
Verpackungen — 69
Markierung der Produkte — 70
Sammelsystematik — 71
Beschaffungsmöglichkeiten — 72
Wertanlage — 73
Lokomotiven — 74
Zugpackungen — 77
Personenwagen — 78
Güterwagen — 80
Zubehör — 84

Die klassische Spurweite 00/H0

Das Nummern-System — 87
Verwendete Materialien — 88
Antriebsarten und Schaltungen — 90
Das Gleissystem — 94
Die Originalkartons — 96
Sammelsystematik / Wertanlage — 97
Auktionen und Märkte — 98
Fälschungen und Restaurierungen — 99
Dampflokomotiven — 100
Elektrolokomotiven — 106
Diesellokomotiven — 110
Triebwagen und Triebzüge — 112
Zugpackungen — 116
Güterwagen — 120
Personenwagen — 124
Zubehör — 130
Werbemodelle / Sondermodelle — 134

mini-club Spur Z

Dampflokomotiven — 144
E-Lokomotiven — 146
Dieselloks — 148
Triebwagen — 149
Zugpackungen — 150
Güterwagen — 152
Personenwagen — 153
Werbemodelle / Sondermodelle — 154
Glossar — 156
Verzeichnis der Museen für Blechspielzeug — 157

Die Autoren

Die Autoren dieses Buches können wohl zu den weltweit kenntnisreichsten dieser Materie gerechnet werden. Beide sind durch Zufall von dem Spielzeugeisenbahn-Bazillus infiziert worden und haben sich intensiv dem Sammeln alten Spielzeugs gewidmet. Sie sind in der glücklichen Lage, ihr Hobby zum Beruf gemacht zu haben und beschäftigen sich heute hauptberuflich mit der Thematik.

Auf wichtigen Spielzeugmärkten und Spezialauktionen kann man ihnen begegnen, denn das Geschehen am Sammlermarkt aus nächster Nähe zu verfolgen, ist für sie erfreuliche Pflicht.

Reinhard Schiffmann, 46 Jahre, gelernter Färber- und Textilreiniger-Meister, legte 1980 seinen ersten Katalog zur Märklin Spur 0 vor. 1981 folgte sein erster Sammler-Katalog für die Märklin Spurweite I. In jährlicher Folge (Spur I alle zwei Jahre) erschienen diese Ratgeber für Sammler neu und wurden regelmäßig erweitert.

Inzwischen reicht die Palette von den ältesten Blechbahnen bis zur modernen Märklin Spur 1. Reinhard Schiffmann arbeitet heute nicht nur als Autor und Verleger, sondern hauptsächlich als öffentlich bestellter und vereidigter Sachverständiger für Märklin und Bing Spur 0- und I- Eisenbahnen und -Zubehör. Daneben betreibt er einen kleinen Laden für antiquarisches Spielzeug in Nürnberg.

Joachim Koll, 50 Jahre, studierte Typographie, Layout und Grafik Design an der Werkkunstschule in Wuppertal, bevor er sich bis 1986 als Art Director in verschiedenen internationalen Werbeagenturen mit der Konzeption und Gestaltung von Print und TV-Werbung beschäftigte.

1978 bot er den ersten Koll's Preiskatalog für die Märklin Spur 00/H0 an. Seitdem erscheint der Katalog jährlich neu, jeweils aktualisiert und erweitert. Neben diesem heute 1100 Seiten starken Standardwerk gibt es weitere ergänzende Kataloge zu Märklin 00/H0.

In diesem Jahr erscheinen auch erstmals zwei Koll-Kataloge zur Märklin Spur Z. Joachim Koll fotografiert alle Modelle selbst und widmet sich heute voll und ganz seiner Arbeit als Autor und Verleger.

Kommen Sie mit auf die Reise durch über 100 Jahre Spielzeugeisenbahngeschichte! Kommen Sie mit in die Welt des bunten Blechs, zu den schweren Gußmaschinen und den filigranen Kunststoffmodellen!

Vorwort

Einer der wesentlichen Urtriebe des Menschen scheint das Sammeln zu sein. Das weise Anlegen von Vorräten für Notzeiten hat sich jedoch gewandelt zu einer anderen Art von Sammlung. Die selbstgestellte Aufgabe, eine Anzahl von Objekten zu finden, die einer bestimmten Zuordnung unterliegen, ist ebenso Antrieb, wie das ziellose Umherstreifen auf der Suche nach dem Zufälligen. Systematisches Vorgehen scheint jedoch stärker verbreitet. Der Mensch schöpft aus der abenteuerlichen Suche und dem glücklichen Finden ein Glücksgefühl, und die Komplettierung verschafft ihm Behaglichkeit und nicht zuletzt den Besitzerstolz. Der Wert, den das Sammelobjekt für den Sammler besitzt, kann zunächst rein subjektiv sein und erst dann real werden, wenn Sammelgebiet und Sammelobjekt allgemeine Akzeptanz genießen. Dies ist jedoch oft nicht der Fall, und so sind Sammler auch Wegbereiter für neue Trends.

Natürlich liegt eine Gefahr im Sammeln von modernen, neuen Objekten, die sich noch nicht etabliert haben und die von Interessengruppen, insbesondere von den Produzenten, forciert werden. Investitionen können hier problematisch sein, denn ein junger Markt kann auch kippen.

Das Sammeln von Kunst hat sich, von gelegentlichen Überhitzungen abgesehen, über lange Zeit als sehr stabil erwiesen. Auch antike Möbel finden seit langer Zeit ihre Liebhaber – wenn auch mit variierenden Trends. Diese beiden Sammelgebiete sind seit Jahrhunderten etabliert.

Das kann man von der Spielzeugeisenbahn als Objekt des Sammelns wohl nicht sagen. Sie ist gerade mal einige Jahre älter als 100, und das ist das Kriterium der Antiquität. Die Freunde der alten Bahnen stört dies allerdings nicht. Sie fingen vor 20 oder 30 Jahren an, die Spielzeugeisenbahnen ihrer Jugend zusammenzutragen.

Gerade wer in der Kriegs- und ersten Nachkriegszeit groß geworden ist, mußte eine Spielzeugeisenbahn meist entbehren. Man konnte sich vielleicht die Nase am Schaufenster plattdrücken, wenn ein Spielwarenhändler eine Modellbahn aufgebaut hatte. Aber für eine eigene Eisenbahn reichte oft weder das Geld noch der Platz. Heute sind viele dieser verhinderten Modelleisenbahner in der Lage, sich die unerfüllten Wünsche zu erfüllen. Beim Anblick alter Modelle werden die Erinnerungen wieder wach. Und wenn man einen Katalog aus alter Zeit in den Händen hält, fällt einem wieder ein, welche Lokomotive man sich zu Weihnachten gewünscht hätte. Viel altes Spielzeug wurde in den Wirren der Kriegs- und Nachkriegszeit zerstört oder ging verloren. Auch der „normale" Spielprozeß verringerte den Bestand. Zum Glück gibt es die Sammler, die dafür sorgen, daß ein wesentlicher Teil Kulturgeschichte erhalten bleibt.

1969 wurde in Europa erstmals antiquarisches Spielzeug versteigert. Eisenbahnen spielten dabei von Beginn an eine dominierende Rolle. Das ist auch heute so. Während sich in Großbritannien die führenden traditionellen Auktionshäuser in immer stärkerem Maße des alten Spielzeugs annehmen, aber, von wenigen Sonderauktionen abgesehen, gemischtes Spielzeug anbieten, haben sich in Deutschland einige Spezialauktionatoren etabliert, deren Schwerpunkt eindeutig bei der Modelleisenbahn liegt, und die über große Fachkenntnis verfügen. Etwa 1975 entstanden die ersten Eisenbahnmärkte, die sich kontinuierlich europaweit ausbreiteten. Heute gibt es in Deutschland rund 500 Veranstaltungen im Jahr, die sich an Freunde der Miniatureisenbahn wenden.

Unter den Modelleisenbahnherstellern ragt ein Name über alle anderen deutlich hinaus. Es ist der Name Märklin. Er wird mit Qualität und Kontinuität gleichgesetzt, und es ist deshalb kein Zufall, wenn sich Märklin-Eisenbahnen auch unter Sammlern größter Wertschätzung erfreuen.

Die ersten systematischen Informationen über das Sammelgebiet Modelleisenbahn erschienen Ende der siebziger Jahre. Sie belegen einen erstaunlichen Wertanstieg. Sicherlich liegt in diesem Wertzuwachs alter Stücke eine nicht unwesentliche Motivation vieler Sammler.

Geschichte der Firma Märklin

Theodor Friedrich Wilhelm Märklin – der Gründer der Firma Märklin – ließ sich im Jahr 1840 in Göppingen nieder. 1856 erhielt er das Bürgerrecht der Stadt und wurde als Flaschnermeister selbständig. 1859 heiratete Theodor Friedrich Wilhelm Märklin Caroline Hettich aus Ludwigsburg und faßte den Entschluß, Teile für Puppenküchen herzustellen. Das Jahr 1859 wird deshalb als das Gründungsjahr der Firma Märklin angesehen. Von Anfang an arbeitete auch Frau Märklin tatkräftig am Aufbau der Firma und entwickelte eine rege Verkaufstätigkeit. Sie bereist Süddeutschland und die Schweiz und bot die in Göppingen hergestellten Spielwaren an. Sie war wohl die erste weibliche Reisende ihrer Zeit. Die Firma florierte und es mußten schon wenige Jahre nach Aufnahme der Spielzeugherstellung neue Räume erworben werden. Doch 1866 stirbt Th. F. W. Märklin an den Folgen eines Unfalls. Viel zu früh für die junge Firma, deren Existenz trotz des großen Einsatzes seiner Frau bedroht ist. Aber sie kann die Firma ihren Söhnen erhalten. Nach über 20 Jahren größter Entbehrungen übernehmen Eugen und Karl Märklin die Firma und firmieren ab 1888 als Gebr. Märklin.

Das Produktionsprogramm umfaßt nach wie vor Puppenküchen und Kinderkochherde, Karren jeglicher Art, Schiffe, Karussells, Kreisel und Bodenläufer. 1891 stellen sie die entscheidenden Weichen für die künftige Entwicklung. Sie zeigen auf der Leipziger Ostermesse die erste genormte Uhrwerkbahn in Form einer Acht. Und deren Gleisfigur war, zum ersten Mal, veränderbar. Sie nennen die Baugröße dieser „Spielzeugeisenbahn" Spur 1 und legen damit den Grundstein für alle nachfolgenden Baugrößen. Die „Modelleisenbahn" war geboren. Wurde die erste Lokomotive, ein sogenanntes „Storchenbein" noch von einem Uhrwerk angetrieben, so folgten innerhalb weniger Jahre dampfbetriebene, also mit Spiritus beheizte, und elektrische Fahrzeuge. Das Jahr 1895 für die erste elektrische Straßenbahn von Märklin ist umso bemerkenswerter, wenn man weiß, daß Göppingen erst ab 1900 ein eigenes Elektrizitätswerk hatte. Ob Uhrwerk, Dampf oder Strom, alle Antriebsarten der Anfangszeit der Modelleisenbahn waren ohne Komfort. Sie hatten teilweise ihre Tücken. Uhrwerklokomotiven fuhren nur einige Runden; nach einem furiosen Start wurde die Fahrt immer langsamer bis schließlich die Feder entspannt war und der Lokomotive neue „Energie" in Form des Federaufzugs zugeführt werden mußte.

Mit Spiritus beheizte Echtdampflokomotiven waren sehr heiß und während der Fahrt nicht regelbar. Die Lokomotive fuhr, bis der Spiritus verbraucht oder das Was-

Oben: Was für die Jungen die Eisenbahn, war für die Mächen die Puppenküche. Der Kinderkochherd war um 1909 im Märklin-Angebot.

Rechts: Karl und Eugen Märklin (von links, am Tisch sitzend), umgeben von Mitarbeitern.

Geschichte der Firma Märklin

ser verdampft war und konnte in der Geschwindigkeit nicht beeinflußt werden. Bei zu schneller Fahrt bestand in Kurven die Gefahr der Entgleisung, wobei sich der bei einer umkippenden Lokomotive auslaufende Spiritus leicht am heißen Kessel entzünden konnte. Elektrische Fahrzeuge wurden je nach Landstrich mit der Netzspannung von 110 oder 220 Volt betrieben, nur gesichert durch zwei Vorlampenwiderstände. Der direkte Kontakt mit der „Energie" konnte auch hier sehr schmerzhaft sein.

Komfortabler und sorgloser wurde es ab dem Jahr 1926. Das 20-Volt-System wurde vorgestellt. Der Spielspaß der fahrenden Züge konnte ohne Beschränkung genossen werden. Das Katalogangebot umfaßte in dieser Zeit Spielzeuge aller Art, vornehmlich Nachbildungen technischer Errungenschaften des täglichen Lebens: Dampfmaschinen aller Art (im Katalog von 1909 waren 90 verschiedene Dampfmaschinenmodelle angeboten), Puppenstuben- und Küchenzubehör, Karussells, Autos, Flugzeuge, Schiffe, Kreisel und Metallbaukästen. Generationen von künftigen Technikern und Ingenieuren erfuhren mit dem seit 1914 im Angebot befindlichen Metallbaukasten ihre berufliche Neigung. Statik, Hebelgesetze, Mechanik und Schraubtechnik wurden „spielerisch" erfahren.

Die augenfälligste Neuerung wurde 1929 durchgeführt: Zum schwarz/messingfarbenen Kasten kam der Metallbaukasten mit bunten Teilen. Grün, Blau, Rot, Schwarz und Messing wurden die typischen Farben. Dabei blieb es bis heute. Der Metallbaukasten hatte in den 50er und zu Anfang der 60er Jahre einen Stellenwert in den Kinderzimmern wie die elektrische Eisenbahn. Er wurde häufig mit der Ei-

Uhrwerklokomotive von 1891. Die Bauart wird als „Storchenbein" bezeichnet.

Spur V-Wagen mit Inneneinrichtung, um 1910.

Unten: Modell-Dampfmaschine der 30er Jahre mit Hoch- und Niederdruckzylinder und 2 massiven Schwungrädern.

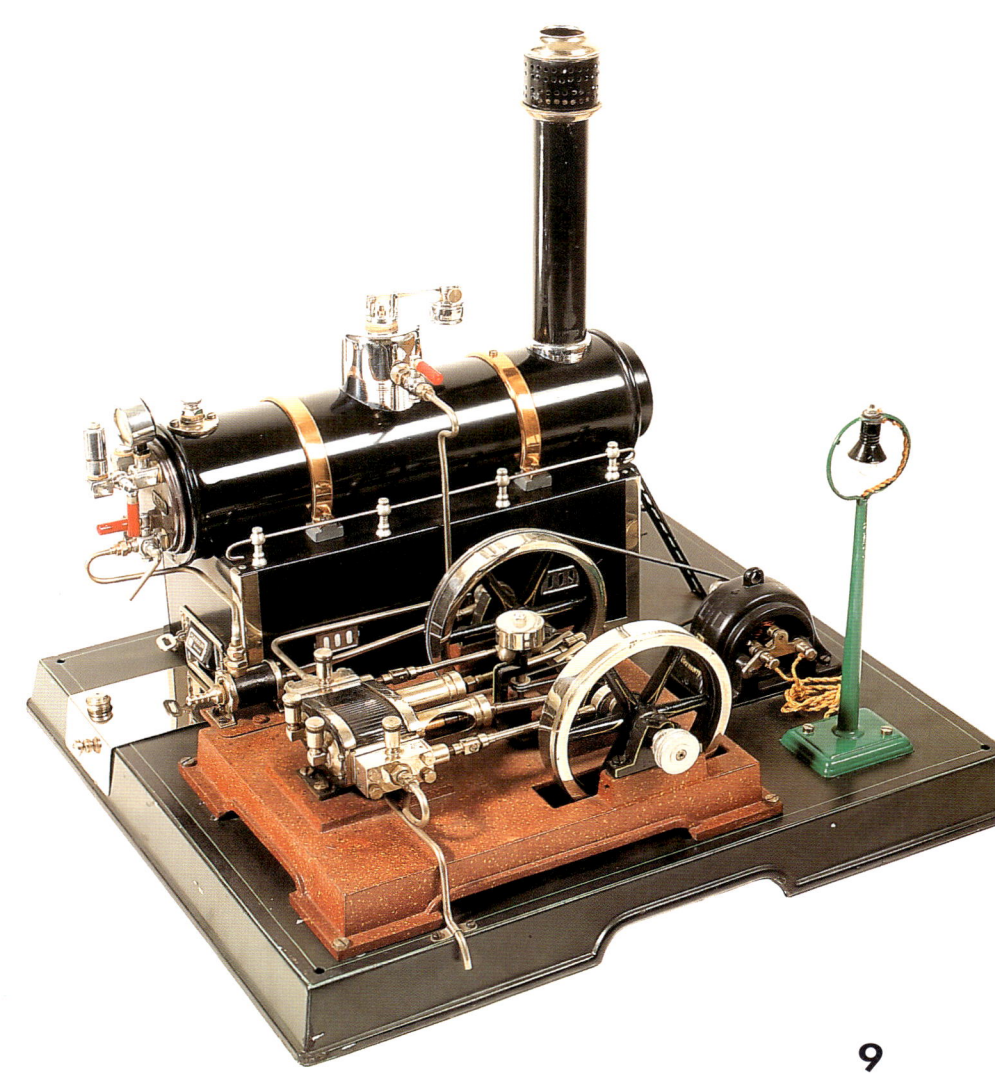

Geschichte der Firma Märklin

Der Metallbaukasten war in den 30er Jahren selbstverständliches Ausstattungszubehör der Modelleisenbahn.

senbahn kombiniert. Brücken, Kräne, Rampen und natürlich das Ladegut aus Metallbaukastenteilen waren oft Ausstattungsdetail der Anlagen.

Die Eisenbahnen waren zu Anfang des Jahrhunderts nur ein kleiner, wenn auch wachsender Teil des Gesamtangebots. Das änderte sich in den Folgejahren nach der Vorstellung der Tischeisenbahn in Spur 00. Ab 1935 konnte die Modelleisenbahn auch auf dem Tisch aufgebaut werden. Wurde bis dahin mit der Eisenbahn fast ausschließlich an und um Weihnachten gespielt – Spur 0- oder Spur 1- „Anlagen" wurden fast ausnahmslos auf dem Boden verlegt – so war jetzt der Betrieb der Anlagen das ganze Jahr über möglich. Da die Bezeichnung 00 für die 1:87er Modelleisenbahn nicht sonderlich glücklich war, wurde sie ab 1950 in H0, also Halbnull umbenannt. Die 50er und 60er Jahre waren geprägt von einem rasanten Umsatzanstieg der Modelleisenbahn in Spur H0. 1954 wurde die Spur 0 aus dem Angebot genommen. Die Ära der Blecheisenbahn war zu Ende und die Modelleisenbahn der modernen Prägung begann sich durchzusetzen.

Sehr beachtete Modelle, in der Umsetzung ihrer Zeit weit voraus, waren die G 800 (später 3008) und die F 800 (später 3027). In Metall/Zinkdruckguß gefertigt und detailliert wie nie zuvor, wurden diese Maschinen zum Ausführungsmaßstab für die folgenden Jahre. 1969 kam mit der „neuen Spur 1" die Traditionsbaugröße wieder in das Märklin-Angebot. Eine BR 80 in zwei Ausführungen, eine Diesel-Werkslokomotive und Personen- und Güterwagen machten den Anfang. Einige Jahre später kam die legendäre „P 8" und im Jubiläumsjahr 1984 das „Schweizer Krokodil".

Die Superlative der Miniaturisierung, der Maßstab 1 220, die mini-club, war die Sensation der Nürnberger Spielwarenmesse von 1972. Nie zuvor wurde eine solch kleine, voll funktionsfähige Modelleisenbahn serienmäßig hergestellt. Sie kam auch umgehend in das „Guiness-Buch der Rekorde" und

Geschichte der Firma Märklin

1994 kehrte mit Maxi das traditionsreiche Blech auf die Spur 1-Schiene zurück. Maxi ist aus massivem, präzise geformtem Blech.

nicht genug, sie hält auch den Weltrekord im Dauerfahren. Ohne Wartung und Pfege fuhr ein mini-club-Zug in 1219 Stunden echte 720 km. Das entspricht der Entfernung Stuttgart – Hamburg. Seit 1984 wird bei Märklin die digitale Modelleisenbahn produziert. Bis zu 80 Lokomotiven und 256 Weichen und/oder Signale können jetzt unabhängig voneinander in einem Stromkreis gesteuert werden. Das sind natürlich theoretische Werte, denn kein Mensch kann eine Anlage dieser Größe kollisionsfrei bedienen. Ganz abgesehen von der Energie, die soviele Loks benötigen. Ein Transformator mit dieser Leistung wäre gar nicht zulässig. Aber die Steuerung ermöglicht mit einem ebenfalls erhältlichen Interface den Anschluß eines Computers, der bestimmte Steuerungsaufgaben übernehmen kann.

Die Renaissance der klassischen Blech-Technologie war im Jahr 1994 die Maxi-Bahn. Ganz aus Blech gefertigt ist sie das Einstiegssortiment zur großen Spur 1 mit dem Flair und Charme der Modelleisenbahn der 30er Jahre. Robust für Kinder und mit liebenswerter Ausstrahlung für den erwachsenen Sammler.

Fünf Jahre nach Beginn der Replikat-Serie wurde 1995 erstmals wieder Erlebnisspielzeug aus Blech für Mädchen aufgelegt: ein Puppenwagen und ein Kinderkochherd.

Roland Gaugele

Puppenwagen mit Puppe von 1995. Wiederauflage des früheren Märklin-Puppenwagens aus dem Programm von 1895 bis 1925.

Die Geburt der Modelleisenbahn – die erste Lok in Spur 1

Die erste 1835 in Deutschland zwischen Nürnberg und Fürth in Betrieb genommene Eisenbahn dürfte wohl als Vorbild für viele Spielwarenhersteller gedient haben, solche und ähnliche Züge für Kinder nachzubauen. Flache und vollplastische Zinnmodelle, einfache Bahnen aus Zinnblech bzw. Weißblech für ein paar Pfennige und sogenannte „Bodenläufer", die man an einer Schnur hinterherziehen konnte, bildeten den Anfang der Spielzeugeisenbahn-Produktion. Übrigens Zinnblech: Von dieser Bezeichnung stammt der heute unter den Eisenbahnsammlern immer häufiger verwendete Oberbegriff „Tinplate" für die Sparte Blechspielzeug. In den 60er, 70er

Oben: Auszug aus einem Musterbuch der Firma Lutz, deren Produkte von Märklin vertrieben wurden (1891).

Rechts: die erste Märklin-Dampflok von 1891, noch ganz im Stil von August Lutz.

Die Geburt der Modelleisenbahn – die erste Lok in Spur 1

und 80er Jahren des letzten Jahrhunderts wurden Spielzeugeisenbahnen gefertigt, die entweder nur geradeaus, oder durch eine feststellbare Vorderachse einen Kreis befahren konnten. Mit Wulstschienen und Rillenschienen versuchte man, die Züge in Bahnen zu lenken. Den Antrieb der Lokomotiven besorgte zuerst ein eingebautes Federwerk, später wurden auch Loks mit Echtdampfbetrieb entwickelt. Blechspielzeughersteller waren meistens Flaschnermeister. Da die Spielzeugproduktion aber nur ein Saisongeschäft war, mußten Blech- und Lackierwaren, allgemeine Flaschnerarbeiten und die Fertigung von Küchengeräten den Betrieb am Laufen halten.

Noch 1890 wird in der Firmenwerbung der Gebr. Märklin nur auf Kinderkochherde mit Weißblech-, Messing-, Kupfer- und Nickel-Geschirr, sowie Spielwaren, Blech- und Lackierwaren hingewiesen. Ab 1891 beginnt die Zusammenarbeit mit der Firma August Lutz aus Ellwangen: zuerst der Verkauf der Lutz-Produkte (Festungen, Landschaften, Gefährte, Eisenbahnen und Schiffe mit Uhrwerk), dann noch im selben Jahr die Übernahme der gesamten Firma. Durch die Umsiedelung eines Teils der ehemaligen Lutz-Arbeiter nach Göppingen konnte die Produktion von Eisenbahnen nahtlos übernommen und weiterentwickelt werden.

Die zukunftsweisende Vorstellung einer Systemeisenbahn durch die Firma Gebr. Märklin auf der Leipziger Messe 1891 wird heute als die Geburtsstunde der Modelleisenbahn bezeichnet. Diese Bahn – mit einer Spurweite von 48 mm (gemessen von Schienenkopf zu Schienenkopf) und später als „Spur I" bezeichnet – war aus Weißblech, verlötet, handlackiert, noch völlig im Stil der ehemaligen Firma Lutz. Die Lok wurde mit einem Uhrwerkmotor angetrieben.

Kurze Zeit später wurden Eisenbahnen mit Spurweiten von 54 mm (Spur II) und 75 mm (Spur III) angeboten, deren Aussehen ebenfalls noch an Lutz erinnerte. Doch schon 1893 wurde mit der Vorstellung einer Spur 0-Bahn mit 35 mm Spurweite und Neuentwicklungen in Spur I und II ein eigener Stil geprägt. Diese Normung, bzw. Einteilung in einzelne Spurweiten, sowie die Ausbaumöglichkeiten des Schienenprogramms mit Weichen, Kreuzungen, Brücken, Drehscheiben, etc., waren für die damalige Zeit völlig neu und wurden auch bald von den anderen Spielzeugeisenbahn-Herstellern übernommen. Die Weitsichtigkeit Eugen Märklins mit der Übernahme der Firma Lutz und dem Ausbau der Spielzeugeisenbahnen begründete den heutigen Erfolg der Firma Märklin.

Eine Dampflok aus der Zeit um 1906.

Die Katastrophe im Kinderzimmer

Eisenbahnkatastrophen übten seit jeher auf die Menschen eine besondere (schaurige) Faszination aus. Zu Anfang unseres Jahrhunderts wurden zahlreiche Bücher mit vielen Abbildungen veröffentlicht – über Lokomotiven, die umgekippt oder abgestürzt waren, oder über einen Prellbock hinaus eine Bahnhofsrückwand durchbrochen hatten. Erinnerungen an Filme wie „Die Brücke am Kwai" und „Trans-America-Express" sind unvergeßlich. Wer hat als Kind mit seiner Modelleisenbahn nicht ein Wettrennen der Züge veranstaltet (bei welcher Geschwindigkeit sind sie denn aus der Kurve geflogen?) oder den Zusammenstoß zweier Lokomotiven geprobt? Bei den Kindern um die Jahrhundertwende war dies nicht anders.

Märklin – natürlich immer bemüht, etwas Besonderes zu entwickeln – bot ab 1900 unter der Nummer 1840 in den Spurweiten 0, I und II eine Katastrophenwagen-Garnitur (aus den Wagen 1837, 1838 und 1839) an, „bestehend aus 2 Personen- und 1 Gepäckwagen mit Mechanismus zur Zerstückelung der Wagen beim Zusammenstoß und zu leichtem

Drei Katastrophenwagen 1837, 1838 und 1839, die man im ersten Jahrzehnt dieses Jahrhunderts einzeln oder als Set unter der Nummer 1840 erwerben konnte.

Die Katastrophe im Kinderzimmer

Zusammenfügen eingerichtet" (so der Begleittext aus dem Katalog von 1909). Daß bei den Abbildungen der Wagen in den damaligen Katalogen auch Figuren zwischen den Trümmern lagen, störte anscheinend niemand. Alle drei Wagen haben die gleiche Mechanik: Wenn der – in einer Führung gelagerte – überlange Puffer eingedrückt wird, löst die Federsperre unter dem Wagenboden den eingeklemmten Dorn, der mit dem Dach verbunden ist. Die im Wagen um den Dorn gelagerte Feder kann sich entspannen und drückt das Dach nach oben – der Wagen „explodiert". Beim roten Personenwagen (1837) sind beide Längsseiten unten mit einem Scharnier mit dem Wagenboden verbunden und klappen nach außen; die Frontseiten stecken lose dazwischen und fallen aus ihrer Halterung; das einteilige Dach springt herunter. Der grüne Personenwagen (1838) hat je eine festgelötete Längs- und Frontseite, die beiden anderen fallen aus ihren Halterungen; das Dach ist einteilig und springt herunter. Beim grauen Gepäckwagen ist nur eine Hälfte einer Längsseite lose gesteckt und fällt ab; das Dach ist zweigeteilt, die größere Hälfte springt herunter.

Die „Katastrophe" wirkt sich bei den Wagen unterschiedlich aus – sie fallen ganz oder nur teilweise auseinander.

Das Bild links unten zeigt einen Wagen von unten, in der Bildmitte der eingeklemmte Dorn.

15

Antriebsarten und Schaltungen – Uhrwerk

Die ersten Spielzeugeisenbahnen waren mit einfachen Federwerken mit Schlüsselaufzug ausgestattet. Diese Uhrwerke waren nicht reguliert und liefen demzufolge zuerst sehr schnell, dann immer langsamer ab. Allein konnte man eine solche Lok nicht laufen lassen – Entgleisungen in der nächsten Kurve aufgrund zu hoher Anfangsgeschwindigkeit waren die Folge. Etwas besser wurde es, wenn man die Zugkraft der Lok bremste: Man hängte einige Wagen an. Wie wurde denn damals überhaupt gespielt? Landschaftsbau im heutigen Sinne gab es noch nicht, aber ein Problem war schon vorhanden: zuwenig Platz! Die Folge davon waren zu enge Gleisradien. Die Bahn wurde am Fußboden aufgebaut. Gleise (möglichst viel!) wurden verlegt, eine Brücke (mit steilen Auf- und Abfahrten) dazwischengesetzt, vielleicht noch ein Tunnel über ein Gleis im Hintergrund gestellt, Bahnhof, Güterschuppen, Schranke, Signale oder eine Signalbrücke dazu, fertig – der Spielbetrieb konnte beginnen. Die Wagen wurden auf die Gleise gestellt, das Uhrwerk der Lok aufgezogen, angekuppelt, und los ging die Fahrt. Über die Brücke, die Abfahrt hinunter, in die nächste Kurve – und der Zug lag auf der Seite! Was war passiert? Aus Platzmangel mußte gleich hinter der hohen Brücke eine enge Kurve verlegt werden. Durch das vollaufgezogene Uhrwerk und die kurze steile Abfahrt nach der Brücke bekam der Zug zuviel Schwung – die Fliehkraft trug ihn aus der Kurve.

Um solche Unfälle zu verhindern, entwickelte Märklin um die Jahrhundertwende einen Bremswagen, der die Geschwindigkeit des Zuges verlangsamen sollte. Grundmodell war der offene Güterwagen 1816, unter den eine Bremsvorrichtung angebaut wurde. Deren Funktion wurde durch ein Bremsgleis (Schaltgleis) ausgelöst, an dessen mittlerer Schwelle an beiden Außenseiten je ein Schaltstift befestigt war, mit dem durch die Flügel des Bremswagens die Bremsvorrichtung (Blockierung einer Achse) fixiert werden konnte. Ein weiteres Bremsgleis (Schaltgleis) löste die Arretierung. Die Bremsflügel sind um 90 Grad versetzt. Ein viereckiges Blech an der Flügelachse hält diese mittels einer Federsperre in der jeweils richtigen Stellung. Durch die Vierteldrehung der Flü-

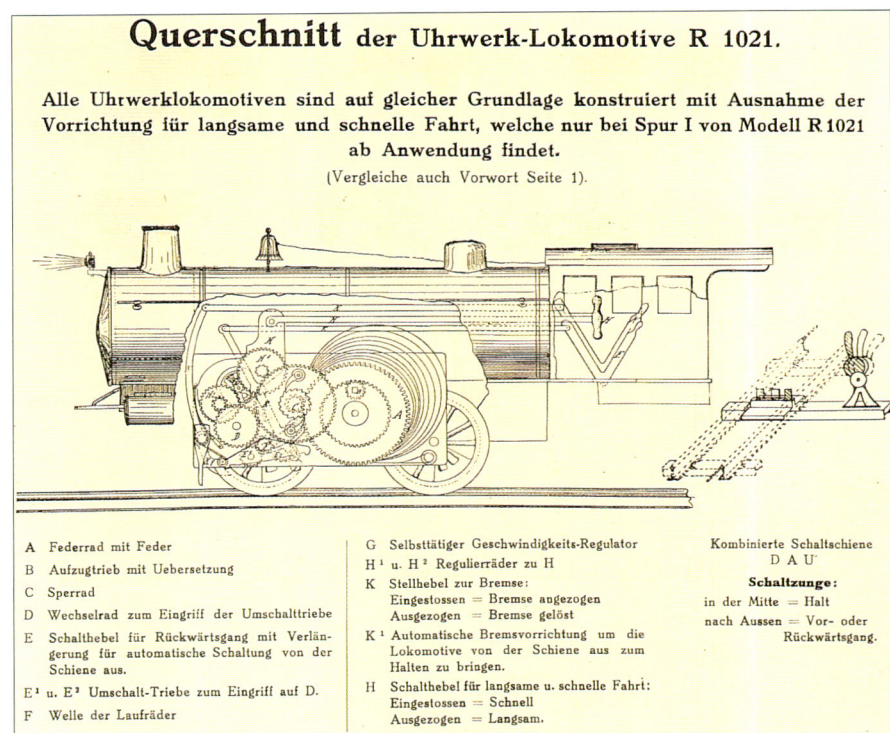

Oben: Funktionszeichnung eines Uhrwerks aus dem Katalog von 1919.

Unten: Funktionszeichnung eines Bremsgleises.

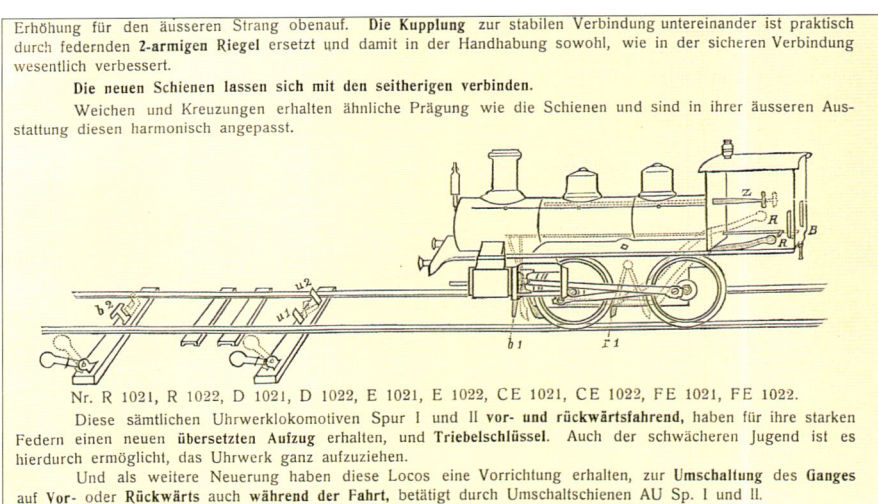

Antriebsarten und Schaltungen – Uhrwerk

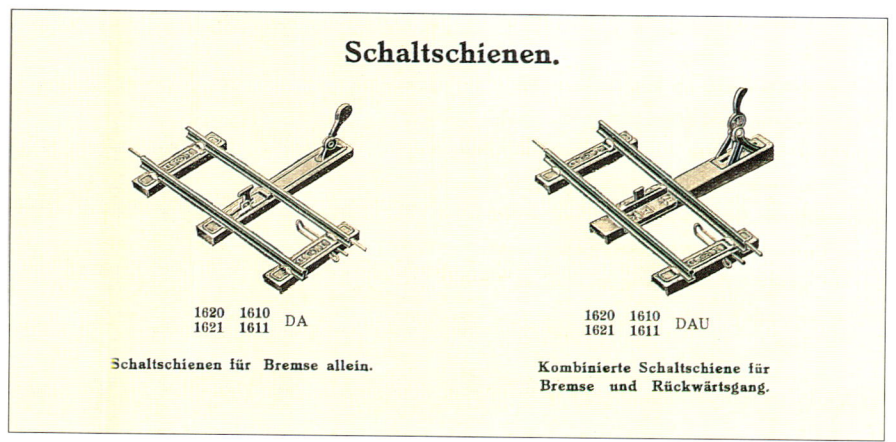

Oben: Schaltschienen zum Bremsen und für die Vorwärts- und Rückwärtsfahrt.

Mitte: der Bremswagen 1816 (um 1900).

Unten: Schemazeichnung des Bremswagens.

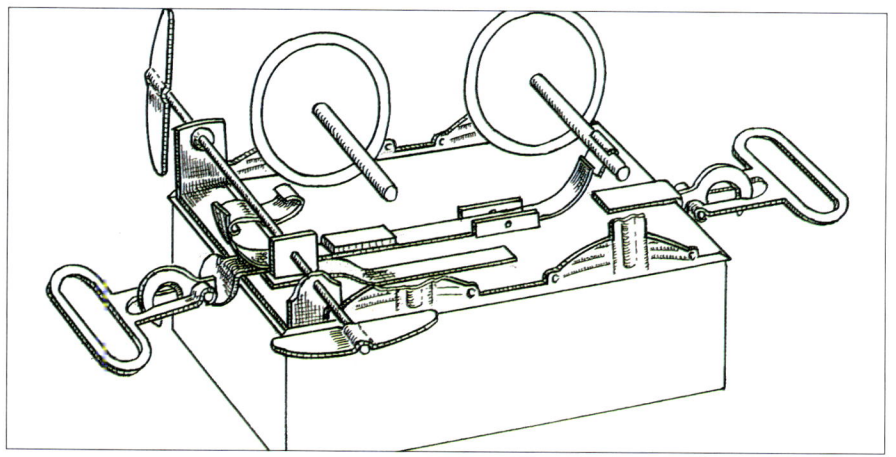

gelachse wird der am Wagenboden beweglich gelagerte Sperrhebel in Brems- bzw. Freistellung gehalten. Der Sperrhebel hält oder löst ein kleines Halteblech, das an der hinteren Achse angelötet ist. Die Räder sind fest mit dieser Achse verlötet und verlangsamen bei ihrer Blockierung die Fahrt des Zuges.

Bremsen für Uhrwerklokomotiven sind bei Märklin bereits seit Mitte der neunziger Jahre des letzten Jahrhunderts bekannt. Deren Funktion war fast vorbildgerecht: Zwei Bremsbacken (über eine eigene Achse verbunden), die mittels einer starken Feder auf die Räder der vorderen Treibachse wirken, werden wie beim Vorbild durch einen Stellhebel vom Führerhaus aus gelöst. Die Arretierung erfolgt durch einen auf der Bremsachse sitzenden Dorn. Durch das Anstoßen dieses Dorns auf den Bremsanschlag eines Bremsgleises kann die Bremse der Lok außerdem an jeder beliebigen Stelle der Anlage vom Gleis aus betätigt werden. Fahrtrichtungsänderungen (vor- und rückwärts) von Lokomotiven waren damals beim Vorbild eine Selbstverständlichkeit. Aber bei Spielzeugeisenbahnen? Die Lösung war verhältnismäßig einfach: Durch ein eingebautes Zwischenzahnrad beim Uhrwerk wird die Vor- bzw. Rückwärtsfahrt der Lok durch einen Stellhebel vom Führerhaus aus gesteuert. Kurz nach der Jahrhundertwende wurde durch den Einbau von Geschwindigkeitsregulatoren das Laufverhalten der Uhrwerklokomotiven verbessert. Die durch Fliehkraft der Regulatoren entstehende Geschwindigkeitsdrosselung (teilweise Umwandlung der Bewegungsenergie durch Reibung in Wärme und somit Reduzierung der Drehzahl) führte zu einem gleichmäßigen Ablaufen des Uhrwerkes.

Antriebsarten und Schaltungen – Spiritusbetrieb

Oben: Die E 4021 wurde um 1920 gebaut.

Mitte: Spiritus-Vergasungsbrenner

Unten: Die Spur III-Lok FEM 4023 wurde zwischen 1909 und 1914 gebaut.

Der Echtdampfbetrieb gilt als die Krönung bei den Tinplate-Fahrern. Hier werden nicht nur Gleise zusammengesteckt, das Uhrwerk aufgezogen oder der Trafo angeschlossen und aufgedreht – es sind noch andere Vorarbeiten nötig, um eine Lokomotive in Bewegung zu bringen: Die Zylinder werden überprüft, der Kessel mit Wasser gefüllt, der Brenner vorbereitet und angezündet; dann muß noch gewartet werden, bis sich der Druck im Kessel aufgebaut hat, und dann erst kann's losgehen. Es ist schon

faszinierend, wie eine Spielzeuglok – genau wie ihr Vorbild – dampfend und fauchend ihre Runden dreht.

Lokomotiven mit Echtdampfantrieb (sogenannte Spiritusloks) wurden bereits sehr früh angeboten. Auch Märklin hatte bereits vor der Jahrhundertwende einfache 2-achsige Dampflokomotiven im Programm. Der Kessel war aus einem gezogenen Messingrohr gefertigt, die Deckel vorne und hinten hart gelötet. Übrigens gelötet: Der Kessel darf nur an einer Stelle (meist am Führerhaus) mit dem Gehäuse der Lok verbunden (verlötet) sein! Da sich der Kessel beim Erhitzen ausdehnt, würde jede weitere Lötnaht an einer anderen Stelle abreißen.

Anfangs wurden unter dem Kessel einfache Spiritus-Dochtbrenner eingebaut, deren Flamme frei um den Kessel herum brannte. Da das Verhältnis zwischen Verbrennungsraum und Flammenvolumen stimmen mußte, waren diese Loks verhältnismäßig hoch gebaut. So waren die ersten Spur 0-Dampflokomotiven meistens höher als die angehängten Wagen. Bei Dochtbrennern ist die Flammtemperatur wegen des langen Verbrennungsweges verhältnismäßig niedrig. Um die Jahrhundertwende ließ sich Märklin einen Spiritus-Vergasungsbrenner patentieren, dessen Flammtemperatur höher lag. Er wurde bei den Dampfloks

Antriebsarten und Schaltungen – Spiritusbetrieb

Oben: Zwischen 1929 und 1933 gab es die formschöne HR 4021.

Unten: Armaturen mit Führerhaus der HR 4021.

verwendet, die eine Feuerbüchse und ein Verbrennungsrohr im Kessel hatten. Zwar ist der thermische Wirkungsgrad bei einer Innenbeheizung alleine schon höher, er ist beim Vergasungsbrenner aber auch viel effektiver.

Über die Zylinder wird die Kraft auf die Räder übertragen. Zuerst waren es billig herzustellende, oszillierende (bewegliche) Zylinder. Die Treibstangen waren gleichzeitig auch Kolbenstangen. Die Zylinder wurden durch die Umwandlung der Drehbewegung der Treibräder auf- und abbewegt, die Dampfein- und ausströmöffnungen wurden abwechselnd geöffnet und geschlossen und somit die Kraft von den Zylindern auf die Treibräder übertragen. Fahrtrichtungsänderungen waren denkbar einfach: Die Lok mußte nur in diejenige Richtung angeschubst werden, in die sie laufen sollte. Bessere (teuere) Lokomotiven hatten feststehende Zylinder mit Rundschiebersteuerung. Die Kolbenstange war durch einen Kreuzkopf (in der Kreuzkopfführung) mit der Treibstange verbunden. Durch einen Dampfverteiler (mit umkehrbarer Dampfein- und ausströmung), der durch einen Stellhebel an der Lok oder durch ein spezielles Stellgleis bedient wurde, konnte die Lok auf Vor- oder Rückwärtsfahrt umgestellt werden. Mit diesem Stellhebel konnte außerdem die Geschwindigkeit reguliert und die Lok angehalten werden.

Vor Inbetriebnahme einer Dampflokomotive müssen die beweglichen Teile geschmiert werden. Der Kessel wird über einen Einfüllstutzen möglichst mit destilliertem Wasser befüllt. Dabei muß die Dampfpfeife geöffnet sein, damit die Luft im Kessel entweichen kann. Größere und/oder teurere Loks haben ein Schauglas, das den Wasserstand im Kessel anzeigt. Wichtig ist das Sicherheitsventil, dessen Funktion vor jeder Inbetriebnahme überprüft werden muß! Der Spiritusbehälter darf nicht zu voll sein und muß gut verschlossen werden, damit kein Spiritus auslaufen kann. Und – man sollte immer einen feuerfesten Handschuh griffbereit haben! Wenn man die Lok während des Betriebs einmal schnell anfassen muß, kann man sich leicht die Finger verbrennen!

Antriebsarten und Schaltungen – Elektrischer Betrieb

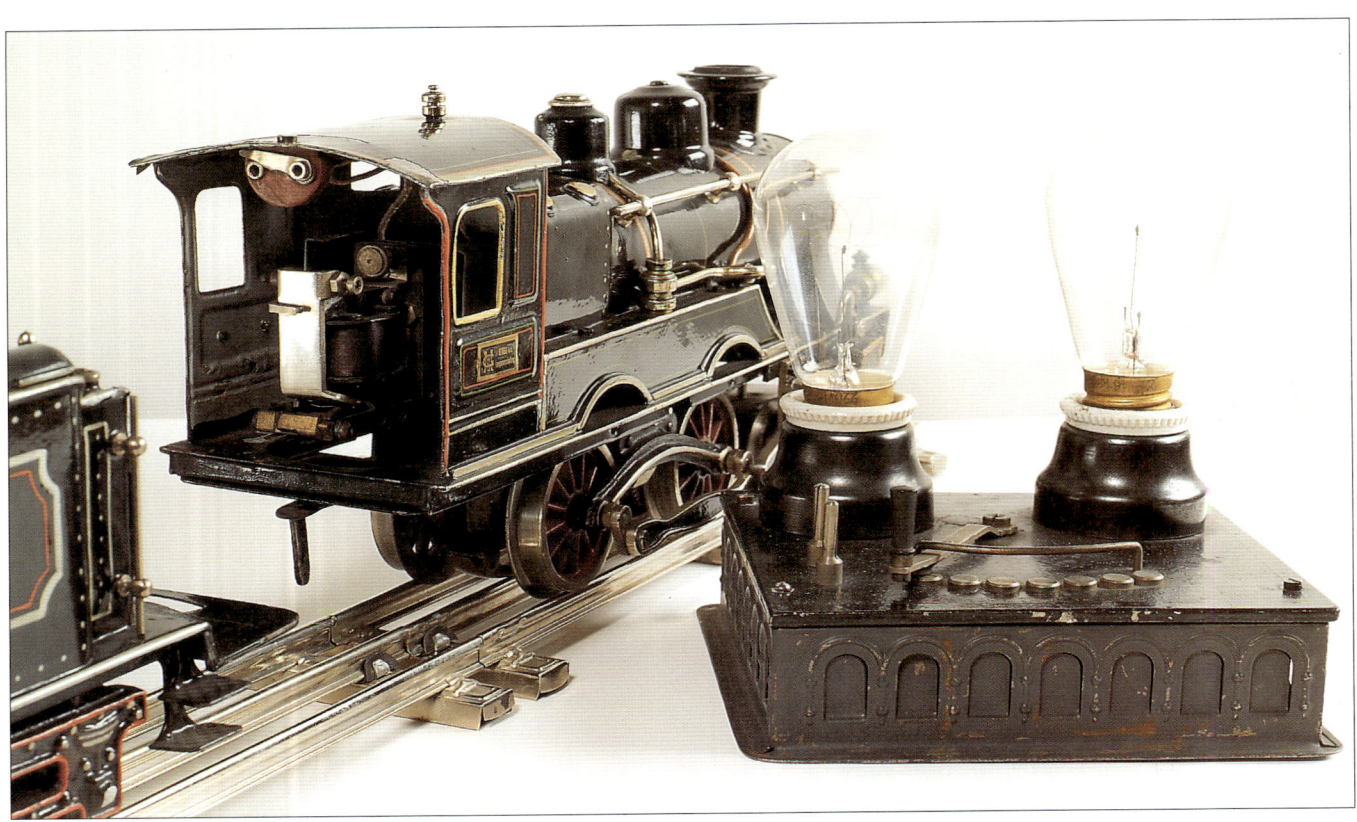

Elektrisch betriebene Lokomotiven kann man ja leicht erkennen – unten an den Schleifern (Stromabnehmern) oder an den seitlichen zwei Kohlen-/Bürstenlagern und dem dahinter liegenden Anker mit seiner Wicklung. Doch mit welcher Stromart wurden diese Loks betrieben? Märklin kennzeichnete seine elektrisch betriebenen Triebfahrzeuge mit unterschiedlich farbigen Blitzen auf dem Gehäuse für die einzelnen Betriebsspannungen:
gelber Blitz = 110/220 V Starkstrom
grüner Blitz = 4 V Schwachstrom
roter Blitz = 20 V Wechselstrom
Fehlen diese Blitze, wurde die Lok umgebaut, oder sind durch eine Überlackierung Zweifel angebracht, hilft nur eins: von einem Fachmann (!) überprüfen lassen. Dieser hat eine Teststrecke und einen Trafo mit einer Regeleinrichtung, beginnt von unten bei ca. 4 Volt mit der Einspeisung und dreht den Trafoknopf langsam höher. Sollte der Motor bei 30 Volt immer noch nicht reagieren, wird er die Lok soweit wie nötig ausein-

Oben: Mit einem Kohlefadenlampen-Regulierwiderstand konnte die Spannung reguliert werden.

Rechts: Umformer, Transformator und Fahrregler.

Antriebsarten und Schaltungen – Elektrischer Betrieb

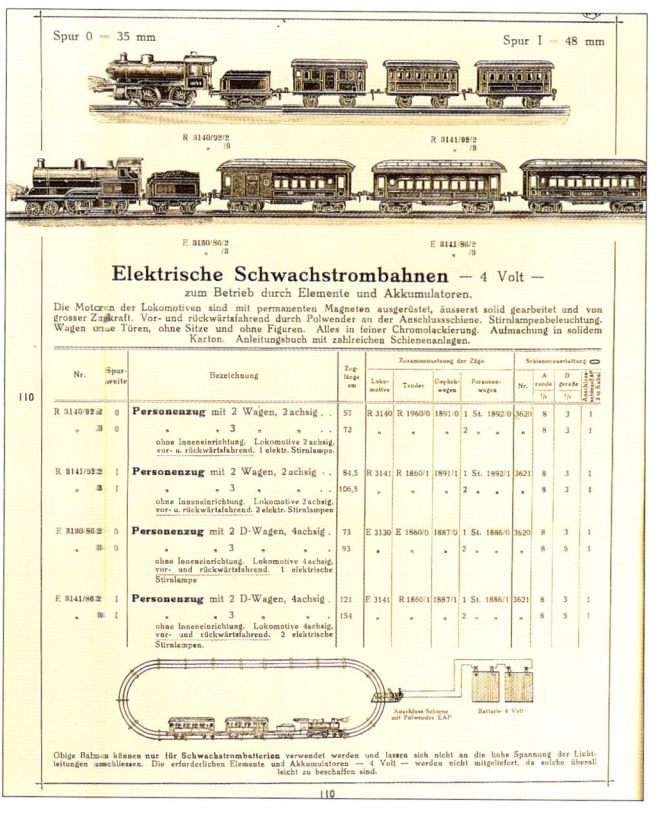

anderbauen und den Motor entsprechend seiner Möglichkeiten untersuchen und reparieren.

1895 wurde von Märklin die erste Starkstrombahn angeboten. Der Strom wurde direkt von einer Lichtleitung (eine Glühbirne wurde aus ihrer Fassung herausgeschraubt und ein Einschraubstekker eingedreht) auf die Schienen geleitet. Mit einem Widerstandsapparat und einem Kohlefadenlampen-Widerstand konnte die Spannung reguliert werden. War die Kohlefadenlampe kaputt, wurde die volle Spannung auf die Schienen übertragen!

Die Stromversorgung in den damaligen Haushalten erfolgte hauptsächlich mit Gleichstrom mit unterschiedlicher Spannung. Die Anschlüsse waren meist nicht geerdet. Als Baumaterial in den Häusern wurde ja hauptsächlich Holz verwendet, das verhältnismäßig gut zur elektrischen Isolation diente. Bekam man nun einen elektrischen Schlag beim Berühren eines

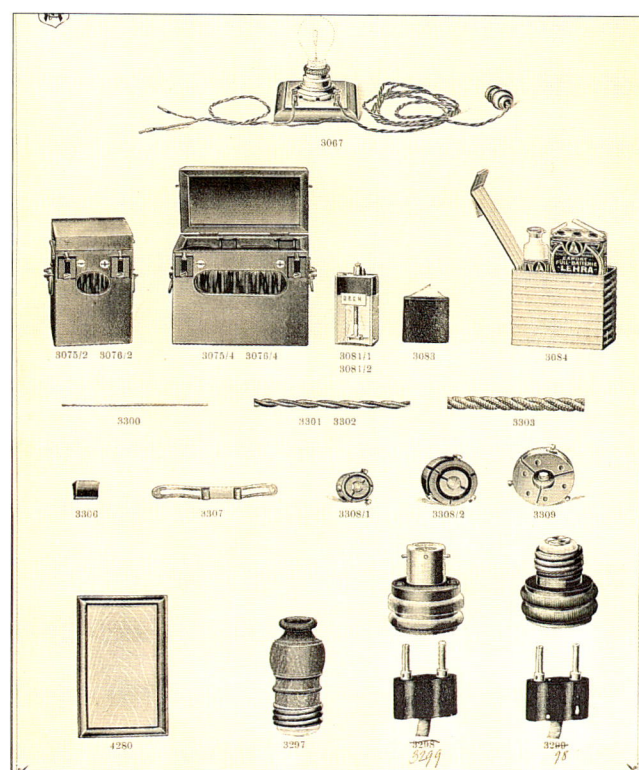

stromführenden Teils, war das zwar sehr unangenehm, hatte aber wegen der fehlenden Erdung mei-

Oben: Angebote elektrischer Eisenbahnen (Schwach- bzw. Starkstrombahnen) aus den Märklin-Katalogen.

Links: Elemente der elektrischen Ausrüstung.

Antriebsarten und Schaltungen – Elektrischer Betrieb

Verschiedene Motoren, die teilweise (rechts) mit einem Handschalthebel umgestellt wurden.

stens keine negativen Folgen, zumal der Gleichstromschlag zu einem sofortigen Loslassen des stromführenden Teils führte. Der Einsatz neuer Baumaterialien (Beton, Kunststein) zu Beginn der 20er Jahre, die Änderung der Stromversorgung (Austausch der alten Gleichstrom- durch Wechselstromnetze) und die Erdung der Nulleiter veränderten die Situation. Durch das Zusammenwirken dieser neuen Gegebenheiten führte ein elektrischer Schlag zu schweren und tödlichen Unfällen, da man das stromführende Teil nicht mehr sofort loslassen konnte.

Die erste Märklin-Schwachstromstraßenbahn wurde ebenfalls 1895 auf den Markt gebracht. Anfangs wurde die Spannung von 4 Volt durch galvanische Elemente (z.B. Chromsäure-Tauchelemente) oder Trockenelemente (Taschenbatterien) erzeugt. Später wurde von der Lichtleitung (110/220 Volt) über einen Widerstandsapparat und einen Kohlefadenlampen-Widerstand die Spannung entsprechend reduziert. Die Umsteuerung von Vor- auf Rückwärtsfahrt war bei Starkstrom- und Schwachstrombahnen gleich: Sie wurde mit einem Hebel an der Lok geschaltet. Die Fernumschaltung erfolgte bei Gleichstrom mit einem zwischen Stromquelle und Gleis eingebauten Polwender, bei Wechselstrom durch Aus- und Einschalten des Widerstandsapparates.

Durch das VDE-Verbot des Lampenvorschaltsystems waren die Spielzeughersteller 1927 gezwungen, neue Wege zu gehen.

Märklin führte das 20-Volt-System ein. Transformatoren zum Anschluß an Wechselstrom- (Drehstromleitungen und Einankerumformer zum Anschluß an Gleichstromleitungen lösten die alten Lampenvorschaltsysteme ab und verhinderten Unfälle mit elektrisch betriebenem Spielzeug. Für ältere, elektrisch betriebene Lokomotiven und Zubehörteile brachte Märklin Umrüstungslisten heraus, aus denen hervorging, welche Teile zu welchem Preis umgerüstet oder ersetzt werden mußten. Viele Starkstromlokomotiven (mit gelbem Blitz) wurden umgebaut und laufen noch heute problemlos auf 20-Volt-Bahnen.

Die ersten Trafos für das neue 20-Volt-System hatten nur eine stufenweise Regelung; kurz darauf wurden aber bereits stufenlos regelbare Transformatoren hergestellt. Neue Motoren mit Hand- und Fernumschaltung wurden entwickelt. Bei Lokomotiven für Wechselstrombetrieb mit Handumschaltung wurde die Schaltwippe am Motor mit einem Handstellhebel umgestellt. Die bekanntesten Fernschaltungen wurden mit 65/.. und 66/.. bezeichnet. Es waren elektromagnetische Schaltungen, die, direkt am Motor angebaut, durch einen Überstromstoß die Stellung der Schaltwippe umlenkten und somit durch die Umkehrung des Ankerstromes die Fahrtrichtungsänderung bewirkten.

Bei Lokomotiven für Gleichstrombetrieb mit der Bezeichnung 70/.. wurde durch einen Gleichrichter mit Polwender zwischen Trafo und Gleis, sowie den Selenzellen am Motor, die Fließrichtung des Stromes und dadurch die Fahrtrichtung geändert. Diese Loks benötigten keinen Handstellhebel.

Gleissysteme der großen Spurweiten (Tinplate)

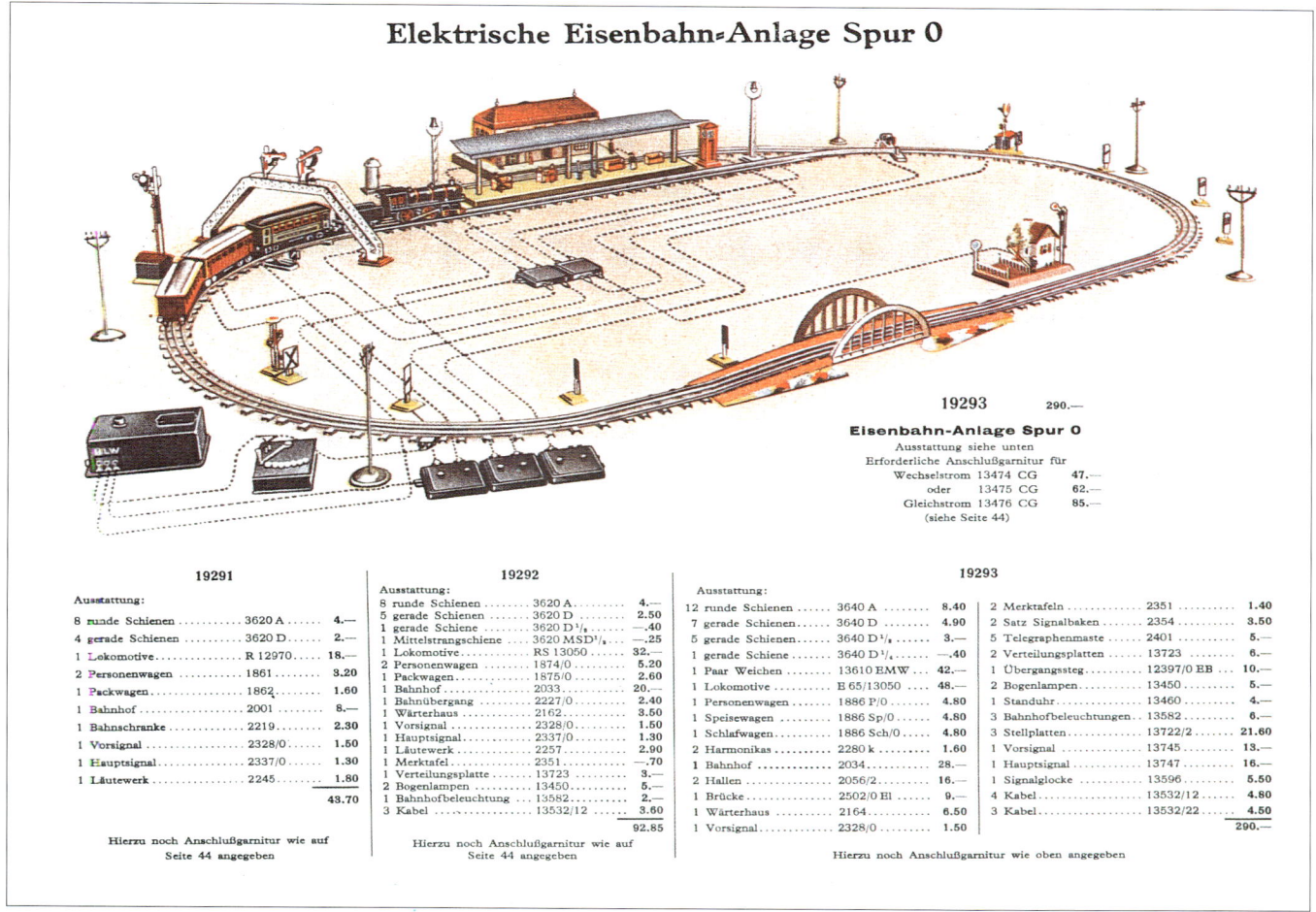

Eine elektrische Eisenbahn-Anlage in der Spur 0, ausgerüstet mit zahlreichen elektrischen Funktionsartikeln, wie Lampen, Signalen und einigen Beleuchtungsartikeln.

Wie schon erwähnt, gab es am Anfang der Spielzeugeisenbahnproduktion Zinnmodelle und Bodenläufer, die geschoben oder gezogen werden mußten. Als die ersten Lokomotiven mit Uhrwerk- und Dampfantrieb gebaut wurden, versuchte man, diese in einer Kreisbahn laufen zu lassen: Die vordere Achse der Lok konnte radial eingestellt und mit einer Flügelmutter fixiert werden. Dann wurden sog. „Wulstschienen" angeboten, die die Bahn in eine vorbestimmte Richtung drängten. Mit der Nachbildung des Spurkranzes bei den Rädern konnten dann auch – dem Vorbild entsprechende – Schienen hergestellt werden.

Wir wollen uns bei der nachfolgenden Beschreibung der Gleise auf die am häufigsten anzutreffenden Spurweiten 0 und I beschränken. Spielbahnen der Spurweite II wurden nur bis vor dem 1. Weltkrieg gebaut; die Gleise entsprechen im wesentlichen denen der Spur 0 und I aus dieser Zeit. Für die Spurweite III, deren Produktion Anfang der 20er Jahre eingestellt wurde, gilt dasselbe.

Übrigens: Aufgrund der längeren Herstellungszeit der Spur III eine größere Produktionsmenge gegenüber der Spur II abzuleiten, wäre falsch. Spur II-Artikel wurden in (Klein-)Serie, die der Spurweite III nur auf Bestellung gefertigt.

Sammler sind ja keine Fachleute im beruflichen Sinn; es sind Individualisten, die sich für ein bestimmtes Hobby interessieren. Sie haben ihre eigene Sprache, eigene Wortschöpfungen (z.B. „Tinplate"), und manchmal verwenden sie Begriffe, die nicht richtig, sich aber – aus früherer Zeit übernommen – im Laufe der Zeit eingebürgert haben. Sammler sprechen oft von „Schienen" und meinen doch eigentlich die „Gleise", auf denen sich die Lok vorwärtsbewegt.

Ein Gleis besteht aus zwei Schienenprofilen, die (entsprechend ihrer Spurweite voneinander im gleichen Abstand) durch Schwellen miteinander verbunden

Gleissysteme der großen Spurweiten (Tinplate)

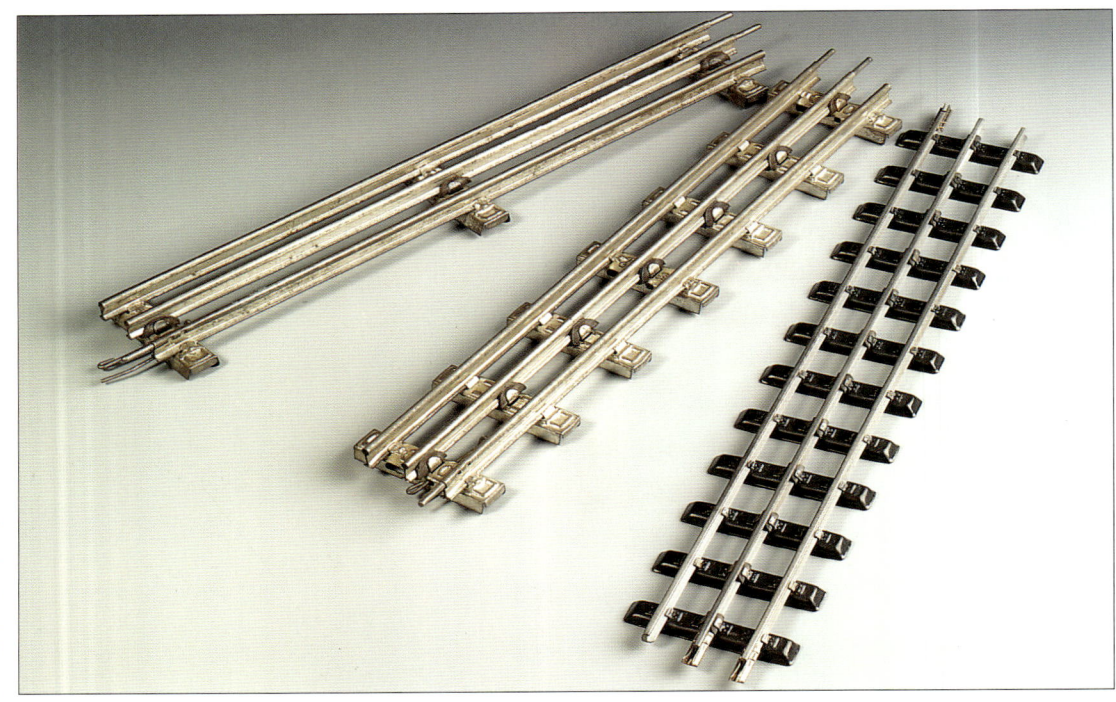

Die Standardgleise der verschiedenen Systeme: normales Weißblech-Gleis, Progressgleis und Modellgleis.

sind. Bei elektrisch betriebenen Spielzeugeisenbahnen sorgte eine zusätzlich isolierte Mittelschiene (ein weiteres Schienenprofil) für die Stromzuführung.

Die von Märklin 1891 eingeführte Systemeisenbahn bedingte in der Folgezeit eine genaue Maßfestsetzung einzelner Spurweiten, gemessen von Schieneninnenkante zu Schieneninnenkante:
Spur 0: 32 mm (35 mm)
Spur I: 45 mm (48 mm)
Spur II: 51 mm (54 mm)
Spur III: 72 mm (75 mm)
(Die in Klammern angegebenen Maße wurden von Schienenkopf zu Schienenkopf gemessen – eine Meßmethode, mit der man nur in der Anfangszeit arbeitete.)

Zu Beginn genügte ein Gleis, das (gerade oder gebogen) aus zwei Schienenprofilen mit drei Schwellen bestand – halbe und viertellange Gleise hatten nur zwei Schwellen. Die Gleise waren je nach Spurweite unterschiedlich lang und breit, aber im Aussehen gleich. Sie wurden als „Uhrwerkgleise" bekannt, obwohl man nicht nur mit Uhrwerkloks, sondern auch mit Echtdampflokomotiven darauf fahren konnte. Die Schwellen waren abgeschrägt (bei gebogenen Gleisen nach innen geneigt, bei geraden zu einer Seite), um der Fliehkraft der Lokomotiven in den Kurven entgegenzuwirken.

In Spur 0 gab es den „kleinen Radius" (= 6 gebogene Gleise für einen Kreis mit einem Durchmesser von 50 cm) und später den „normalen Radius" (= 8 gebogene Gleise – Durchmesser 75 cm). In Spur I wurde nur der „normale Radius" (= 8 gebogene Gleise – Durchmesser 95 cm) angeboten.

Der Nachteil der keilförmigen Schwellen bestand darin, daß ein Zug auf einer geraden Strecke immer schief (zur Seite geneigt) fuhr. Durch den Einbau von Geschwindigkeitsregulatoren in Uhrwerklokomotiven kurz nach der Jahrhundertwende war Märklin in der Lage, ab 1907 das Gleissystem mit geraden Schwellen auszustatten. Jetzt konnte ein Zug gerade auf dem Gleis stehen, was natürlich wesentlich besser aussah. Gleise für elektrisch betriebene Eisenbahnen hatten – wie schon erwähnt – zusätzlich einen isolierten Mittelleiter (ein weiteres Schienenprofil). Man konnte sich diese Gleise entweder fertig kaufen, oder aber in bereits vorhandene Uhrwerkgleise einen von Märklin angebotenen Mittelleiter einklemmen.

Längere Lokomotiven mit weitem Achsabstand erforderten schon vor 1910 für alle Antriebsarten ein erweitertes Gleissystem mit einem größeren Kreisdurchmesser. Das bisherige Gleissystem in Spur 0 mit einem 8er Kreis wurde durch einen 12er Kreis (= 12 gebogene Gleise – Durchmesser 122 cm) erweitert. In Spur I kam zum 8er Kreis ein 16er Kreis (= 16 gebogene Gleise – 180 cm Durchmesser) dazu. Alle diese Gleissysteme (die angebotenen Weichen und Kreuzungen durchliefen eine ähnliche Entwicklung) waren frühzeitig

Gleissysteme der großen Spurweiten (Tinplate)

Der Schienenwagen (1896 A) und der Schwellenwagen (1896 B) waren von 1906 bis 1920 in der Produktion.

schon so ausgereift, daß sie bis zum Ende der Tinplate-Äera praktisch unverändert gebaut wurden. In den späten 20er Jahren kam für den elektrischen Betrieb noch das „Progressgleis" dazu, aber nur für den 12er (Spur 0) bzw. 16er Kreis (Spur I) Im Unterschied zu den normalen Gleisen hatte das 1/1 Progressgleis 7 Schwellen. Das Gleis wirkte dadurch natürlicher und war auch wesentlich stabiler. Es ist heute von Sammlern sehr gesucht und gilt allgemein als schönstes Tinplate-Gleis.

Alle bis jetzt beschriebenen Gleise bestanden aus Hohlprofilschienen und Blechschwellen. Das Weißblech für die Schienen war vor der Verarbeitung bereits auf Schienenlänge zugeschnitten. Durch Exzenterpressen wurden diese Blechstreifen in mehreren Arbeitsgängen zu Hohlprofilschienen geformt. Die Schwellen wurden aus ausgestanzten Blechstücken hergestellt. Die Verbindungsstellen zwischen Schienen und Schwellen waren zuerst handgelötet, später verlappt.

Die Verbindung zwischen den einzelnen Gleisen wurde durch Stifte erreicht, die in die hohlen Schienenstöße eingesteckt wurden. Zur Sicherung dieser Verbindung (die durch den häufigen Zusammenbau der Gleise ausleiern konnte) dienten Sicherungsklammern zwischen den jeweiligen Endschwellen. Der Höhepunkt und zugleich die letzte Neuentwicklung bei den Gleissystemen waren „Modellgleise" und „Modellweichen" für den elektrischen Betrieb, in Spur 0 für den 12er und in Spur I für den 16er Kreis. Sie wurden ab 1932 parallel zu den weiter produzierten Weißblechgleisen angeboten. Das Schienenprofil war nicht mehr aus Blech, sondern aus gezogenem Vollmaterial (Messing-, bzw. Stahlprofil), die schwarzen Schwellen (12 Stück beim 1/1 Gleis) aus gestanztem Stahlblech. Gleisverbindungen wurden durch Blechlaschen (Schienenverbinder) an den Schienenenden bewerkstelligt, genauso wie es heute noch bei allen Spurweiten üblich ist. Es war das eleganteste Gleis und wird nach wie vor von den Modellbahnzeit-Fahrern bevorzugt benutzt.

Läutewerke und Pfeifeinrichtungen (Tinplate)

Rechts: Stromunterbrecher mit Signalglocke (13067). Ganz rechts: Das Läutewerk (2244) wurde von 1902 bis 1930 gefertigt. Unten: Bahnübergang mit Läutewerk (2232).

In früheren Zeiten wurde bei der Bahn die Ankunft eines Zuges durch die Glockenschläge der Läutewerke angekündigt. Die Faszination, die dabei auf die Kinder ausging, hat Märklin bereits in den Anfangsjahren erfolgreich für die Tinplate-Eisenbahnen umgesetzt. Die einfachen Läutewerke hatten eine oder zwei Glocken, die man durch eine Handkurbel betätigen konnte. In besseren Läutewerken war ein Uhrwerk eingebaut, das vom vorbeifahrenden Zug durch eine Wippe am Gleis ausgelöst wurde. Um 1907 gab es bereits die ersten mit Starkstromanschluß betriebenen Läutewerke, die durch einen Auslöseknopf vom Stellpult aus bedient werden konnten; 1927 wurde auch hier auf das 20-Volt-System umgestellt. Während die meisten Modelle noch das typische Aussehen der alten Rundsäulen-Läutewerke hatten, wurden in den 30er Jahren Doppelschlag-Läutewerke in Wellblechbuden mit elektrischem Antrieb und Zugauslösung angeboten.

Das Pfeifgeräusch einer Dampflokomotive konnte man nur bei Spiritusloks mit der Dampfpfeife imitieren – und bei Uhrwerklokomotiven? Um die Jahrhundertwende entwickelte Märklin eine durch Druckluft betätigte Pfeifeinrichtung. Während der Fahrt wird mittels einer der Treibstangen (Kolbenstangen) über einen Zylinder Luft in einen kleinen Druckbehälter (hinter der Rauchkammertüre) gepumpt, in dem ein Überdruck aufgebaut wird. An einer querliegenden Achse unterhalb der Zylinder ist ein Blechkreuz und ein viereckiges Blech angelötet. Ein Schaltgleis löst den Mechanismus aus, der diese Achse um eine Umdrehung weiterdreht und für die gleichzeitige Drehbewegung des viereckigen Blechs sorgt. Dessen Spitze drückt auf einen Knopf, der die Luft für die Pfeife freigibt. Die zweite Pfeife im Führerhaus (nur bei Uhrwerklokomotiven der Spurweiten I und größer) funktioniert wie eine Fahrradluftpumpe: Luft wird von Hand in den Zylinder gepumpt und weiter in die Pfeife gepreßt.

Läutewerke und Pfeifeinrichtungen (Tinplate)

In eine sogenannte Tender-Rangierlokomotive mit Uhrwerkantrieb (sinnigerweise nur vorwärtsfahrend, also eigentlich rangieruntauglich!), die ab 1902 in den Handel kam, ist im Führerhaus eine Glocke eingebaut, die ebenfalls durch ein Schaltgleis ausgelöst werden kann. Beide Dampflokomotiven wurden leider nach dem 1. Weltkrieg nicht mehr angeboten.

Erst 1937 widmete man sich bei Märklin wieder einer speziellen Geräuschkulisse: der elektrischen Pfeifsirene. Sie wurde jedoch nur in Spur 0 und nicht mehr in einer Lok, sondern in den Gepäckwagen 1728, 1754 und 1944, sowie im Mittelteil des Schnelltriebwagens TW 12940/3 eingebaut. Der Motorblock der Pfeifsirene besteht aus einem Magnet mit Schrittschaltwerk, der das Flügelrad im Inneren des Gußgehäuses antreibt. Durch zwei Kontaktgleise kann die Pfeife während der Fahrt ein- und ausgeschaltet werden.

Oben: PR 1021 ist eine Uhrwerkdampflokomotive mit Pfeifeinrichtung.

Detailaufnahmen der Lok, mit der Handpumpe im Führerhaus (unten rechts).

Unten links: Gepäckwagen mit Pfeifeinrichtung (12728).

Verwendete Materialien und deren Bearbeitung (Tinplate)

Über die verschiedenen Materialien der Gleise – Weißblech, Stahlblech, Messing- und Stahl-Vollprofil – haben wir schon im Kapitel „Gleissysteme" gesprochen. Doch wie wurden die Eisenbahnen gebaut, die Loks, die Wagen, oder das dekorative Zubehör, und aus welchen Werkstoffen wurden sie hergestellt?

Am Anfang stand die Idee, ein bestimmtes Spielzeug herzustellen – vielleicht nach einem Vorbild oder nur aufgrund der damaligen Vorstellungen und Fantasien. Ein erstes Handmuster (Prototyp) wurde angefertigt, begutachtet, geändert, die Verkaufsmöglichkeiten (Herstellungskosten und Verkaufspreis) mit den Kaufleuten besprochen und wieder geändert (eventuell einzelne Bauteile so verändert, daß man sie später in Serie billiger produzieren konnte). Dann wurde eine kleine Vorserie gefertigt (für die Zeichner der Katalogabbildungen und als Vertretermuster), die aber noch nicht in allen Details mit der späteren Serie übereinstimmen mußte. Wenn dann von den Vertretern ein Interesse am Markt signalisiert wurde, konnte das Stück in Serie gehen. Das Ausgangsmaterial für die damalige Spielzeugherstellung war verzinntes Eisenblech, Weißblech genannt, und im heutigen Sprachgebrauch speziell bei alten Spielzeugeisenbahnen als „Tinplate" bezeichnet.

Übrigens: Der Begriff „Tinplate" bezieht sich nicht nur auf das verzinnte Eisenblech, er umschreibt gleichzeitig die Epoche der Spielzeugeisenbahn-Produktion zwischen 1891 und 1940, in der vor allem Weißblech, aber natürlich auch andere Materialien (Messing- oder Stahlblech, div. Gußverbindungen, etc.) verarbeitet wurden.

Wir müssen bei der Blechspielzeug-Herstellung zwei Fertigungsarten unterscheiden: Die Manufakturarbeit mit hauptsächlich handwerklicher Tätigkeit, sowie die industrielle Massenproduktion mit überwiegendem Maschineneinsatz. Bei der Manufakturarbeit wurden die benötigten Blechteile aus den

Oben rechts und links: zweiseitig verschieden handlackiertes Vorserienmodell des Abteilwagens 2871 MR (um 1913).

Rechts: Uhrwerkdampflok 2021, die erste lithographierte Lokomotive von Märklin (1904–1906).

Verwendete Materialien und deren Bearbeitung (Tinplate)

Links: Bananenwagen 1792 für den deutschen Markt (1930–1953).
Rechts: derselbe Wagen für den Export mit von Hand übermalten deutschen Aufschriften (1930–1940).

Blechtafeln (von Hand oder mit der Tafelschere) ausgeschnitten und/oder ausgestanzt. Alle Teile (auch Draht- und Gußverzierungen) wurden zuerst per Hand oder Maschine geformt (gebogen, abgekantet, etc.), dann zusammengelötet und anschließend handlackiert. Gußteile wurden in entsprechenden Formen gegossen. Wenn man von den Rädern der ersten Dampfloks absieht, die man noch aus Stahlguß erzeugte, wurden mit verschiedenen Bleigußverbindungen Lok- und Wagenräder, manche Kamine von Dampfloks (in den 30er Jahren), Puffer (bis in die 20er Jahre), Weichenstellhebel, Hebel an Signalen, Lampenfüße und viele andere Teile gegossen. Lackiert wurde in mehreren Schichten. Zuerst wurde eine Grundierung und darauf die Hauptfarbe aufgetragen. Dann wurden Verzierungen und Zierlinien mit dem Pinsel aufgemalt. Zum Schluß wurde das Ganze noch mit einem Klarlack (Schutzlack) überzogen.

Die meisten anderen Spielzeughersteller verzichteten aus Kostengründen auf Grundierung und/oder Klarlack, mit dem Ergebnis, daß bei ihren Spielzeugen mit der Zeit die Farbe abblätterte oder unansehnlich wurde. Die sorgfältige Lackierung bei Märklin war der Grundstock zum Erfolg und zum Werterhalt ihrer Modelle, deren „Flair" noch heute die Sammler begeistert.

Märklin gab die Handlackierung zwar nie auf, aber durch die steigende Nachfrage nach Märklin-Produkten mußte immer mehr Handarbeit durch industrielle Fertigung ersetzt werden. Mit der Uhrwerkdampflok 2021 wurden 1904 erste Versuche mit der Chromlithographie unternommen. Sie ist ein Mehrfarben(stein)druck, bei dem Weißblechtafeln mit (Spielzeug-)Einzelteilen fertig bedruckt werden. Die einzelnen Teile werden dann ausgestanzt, geformt und durch Blechlaschen zusammengefügt. Bei dieser Fertigungsmethode konnten die Spielzeuge in größeren Mengen produziert und billiger hergestellt werden, da das Löten von Hand und die Handlackierung eingespart wurden. Lithographierte Abfallbleche wurden manchmal nochmals verwendet – z.B. umgedreht, schwarz lackiert und als Kohleblech in den Tendern eingebaut. Bei lithographierten Wagen, die für den Export bestimmt waren, wurden Teile des Blechdruckes von Hand übermalt: So wurden z.B. bei den Güterwagen der 1700er Serie alle auf deutsche Standorte hinweisende Beschriftungen mit der Grundfarbe des Wagens überstrichen. Diese Überlackierungen sind lichtechter als die Lithographie und wirken dadurch heute etwas dunkler. Das Ziel solcher Überlackierungen war natürlich die Kostenersparnis. Um für die verschiedenen englischen Bahngesellschaften nicht jedesmal eine neue Blechtafel herstellen zu müssen, wurden die Abkürzungen im Lithodruck mit den entsprechenden Buchstaben überlackiert.

Durch Programmänderungen konnten alte Modelle manchmal nicht mehr verkauft werden. Die Lagerbestände wurden aber nicht vernichtet, sondern bereits im Werk wieder neu lackiert. Dies kann man u.a. bei den ersten Uhrwerkdampfloks R 910 beobachten, die ursprünglich blau waren und dann schwarz überlackiert wurden. Oder bei den roten Kesselwagen der 1774-Serie, wo das „DAPOLIN"-Signet durch „STANDARD" ersetzt wurde.

Kupplungen (Tinplate)

Fixkupplung am Faßwagen 1776

Eine Möglichkeit, den Hersteller und die Bauzeit von Lokomotiven und Wagen festzustellen, sind Kupplungen – sofern diese noch original an den Modellen befestigt sind. Märklin hat im Laufe der Tinplate-Ära verschiedene Kupplungen aus Eisen-, bzw. Stahlblech gebaut, die teils nacheinander, teils gleichzeitig zur Verwendung kamen.

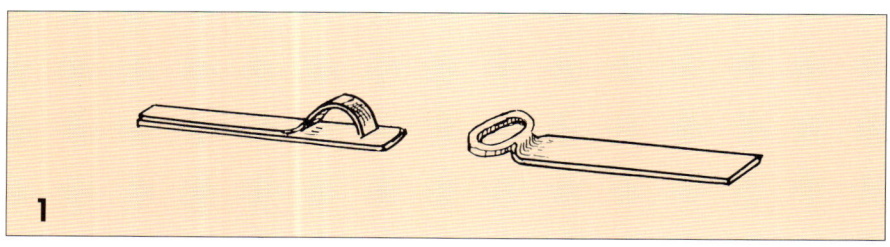

1 Haken-/Ösen-Kupplung

Die erste Märklin-Kupplung bestand aus einem Haken – der federnd an den Kupplungsarm genietet war – und als Gegenstück einer durchgestanzten Öse. Beide Kupplungsarme waren am Wagenboden festgelötet. Diese Kupplung wurde bei Spur 0 bis ca. 1900, bei Spur I und II bis ca. 1898 und bei Spur III teilweise sogar bis 1904 verwendet.

2 Schmale Bügelkupplung (Ringkupplung)

Eine Neuentwicklung erfolgte erstmals 1896 mit einer beidseitig

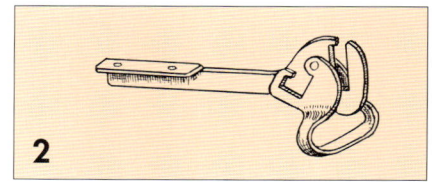

verwendbaren Kupplung mit beweglichem Bügel. Sie wurde bei den Modellen der Spurweiten I bis III verwendet. Der Kupplungsarm wurde am Wagenboden festgelötet. Diese Kupplung wurde mit kleinen Änderungen bis 1902 gebaut.

3 Breite Bügelkupplung

Als Verbesserung der Kupplung 2 wurde eine neue Kupplung mit breitem (beweglichem) Bügel en-

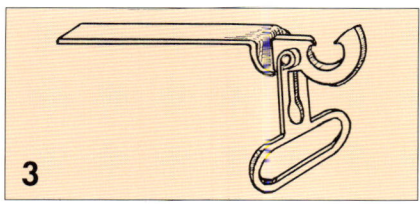

wickelt, die zwischen 1898 und 1904 angebaut wurde. Der Kupplungsarm ist am Wagenboden festgelötet, für Spur 0 nach oben und für Spur I bis III nach unten gebogen.

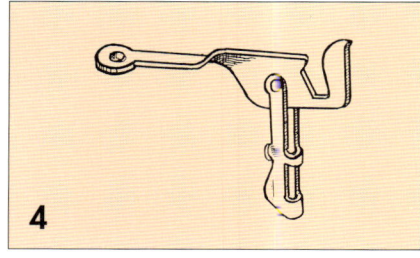

4 Hakenkupplung

Die erste beweglich am Wagenboden befestigte (genietete) Märklin-Kupplung wurde ab 1900 hergestellt und mit einigen Änderungen am Kupplungsarm bis 1908 für alle Spurweiten benutzt.

5 Fixkupplung

Die wohl bekannteste (und am längsten hergestellte) Märklin-Kupplung ist die Fixkupplung. Sie wurde bei allen Loks und Wagen der Spurweiten 0 bis III verwendet und bis auf eine kleine Änderung (1913) von 1909 bis 1954 gebaut.

6 Automatische Kupplung (1912)

Die erste automatische Kupplung von Märklin war vor allem am amerikanischen Markt ab 1912 angeboten, wurde aber nur bis 1915 gebaut. Sie war für elektrischen Betrieb geeignet. Die mit dieser Kupplung angebotenen Loks und Wagen haben die Zusatzbezeichnung ..../1606.

Kupplungen (Tinplate)

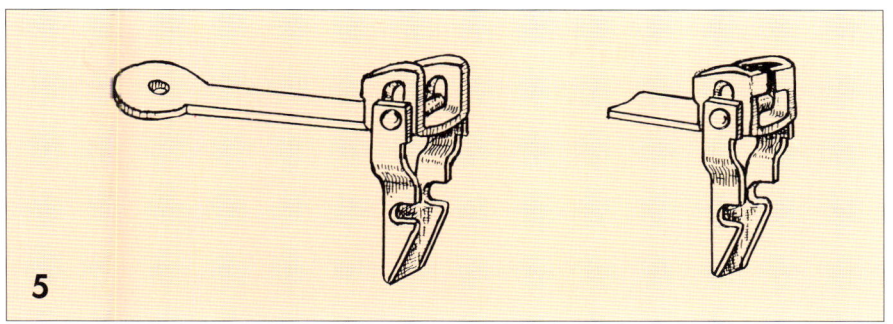

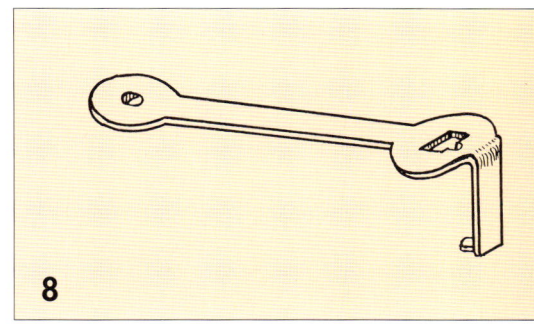

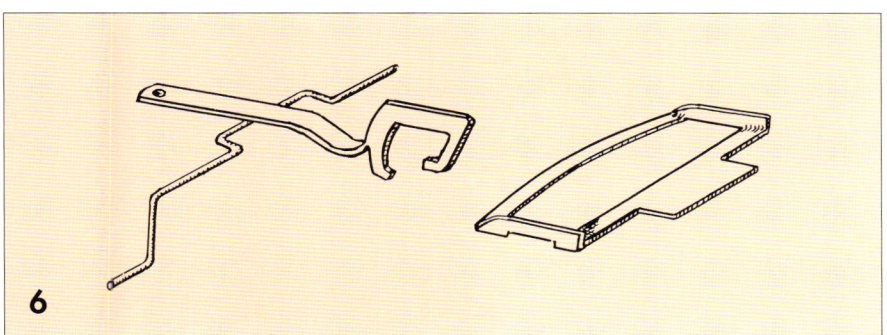

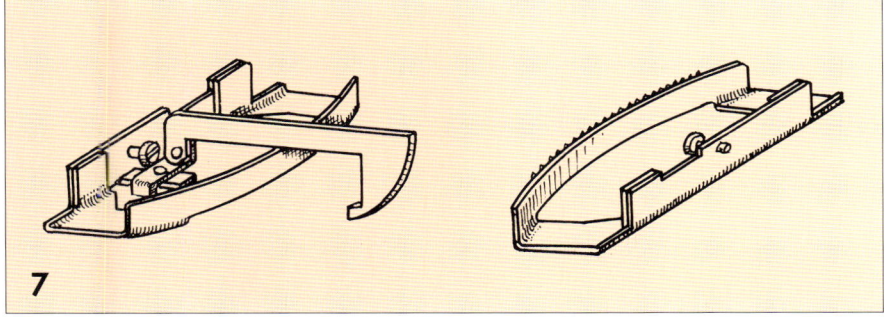

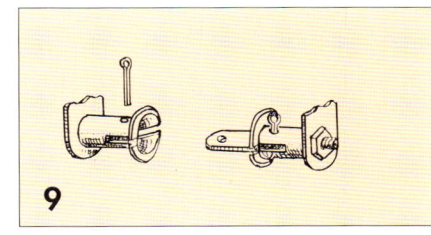

schen Marktes zwischen 1915 und 1937 verwendet. Sie ist bei deutschen Modellen wenig anzutreffen.

9 Straßenbahn-Kupplung

1925 entwickelte Märklin für die Straßenbahnen eine eigene Kupplung, die jedoch nur ein Jahr gefertigt wurde. Im Gegensatz zu allen anderen Kupplungen war sie aus Vollmaterial gedreht und an einer Rahmenlasche festgeschraubt.

7 Automatische Kupplung (1932)

Einige Wagen in Spur 0 und I mit dieser Kupplung (sie hatten die Zusatzbezeichnung .... K) – die fest an der Pufferbohle angenietet war – konnte man ab 1932 bekommen. Außerdem wurde eine aufsteckbare Kupplungsgarnitur angeboten, mit der alle Wagen und Tender nachgerüstet werden konnten. Diese Kupplung war bis 1939 im Programm.

8 Ösenkupplung

Diese Kupplung wurde hauptsächlich für Kaufhaus-Zugpackungen des amerikanischen und engli-

Einfacher Kupplungshaken, der nur 1909 beim Rocket-Zug verwendet wurde.

Automatische Kupplung von 1932

Verpackungen (Tinplate)

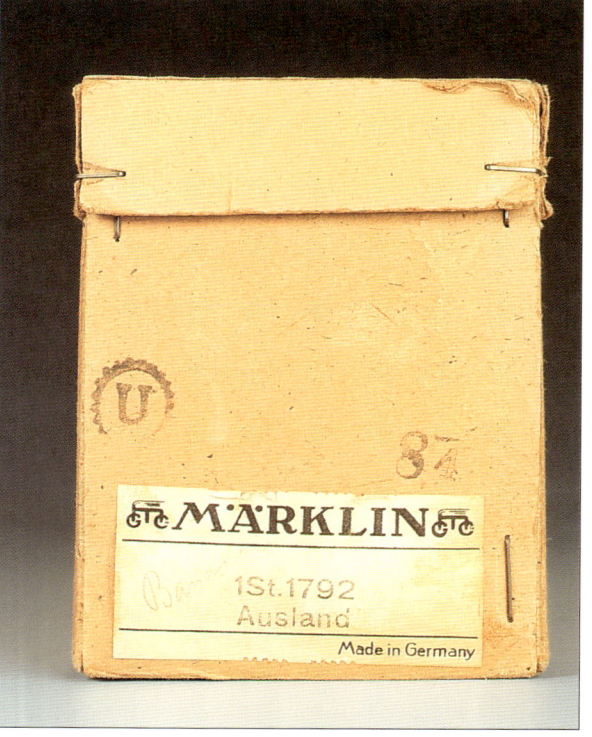

Oben: Deckelbild einer Zugpackung um 1910.

Rechts: Karton des Bananenwagens 1792 mit der Zusatzbezeichnung „Ausland" für den Export.

Spielzeug wurde nach der Herstellung vom Produzenten an den Groß- und Einzelhandel weitergegeben. Es mußte transport- und stapelfähig sein und wurde deshalb in dazu geeigneten und stabilen Verpackungen verschickt. Einfache Lokomotiven und alles weitere Zubehör waren in braune Pappkartons verpackt, für bessere (teuere) Loks wurden Holzkisten verwendet. Eisenbahnwagen wurden je nach Qualität einzeln, im Zweier-, Vierer- oder Sechserpack, oder im Dutzend in braunen Pappkartons an den Handel abgegeben.

Ein kleines Schild mit der Nummer des verpackten Modells klebte auf der Stirnseite der Verpackung.

Verpackungen (Tinplate)

Oben: Deckelbild einer Zugpackung aus den 30er Jahren.
Mitte: Karton für den Artikel 2633 B.

Spielzeug wurde aber nicht nur verkauft, sondern meistens vom Käufer weiterverschenkt. Komplette Eisenbahnenzüge mit einer Lokomotive, zwei oder drei Wagen und den Schienen waren je nach Qualität in Zugpackungen aus stabilen Pappkartons oder Holzkisten verpackt, die zuerst mit schwarzem, später mit rotem Papier überzogen und mit einem bunten Deckelbild versehen waren.

Daß Verpackungen alter Tinplate-Eisenbahnen auch einen gewissen Sammlerwert haben, darf nicht übersehen werden. So kann der Wert einer alten, gut erhaltenen Originalverpackung bei immerhin rund 5 bis 10 % des eigentlichen Inhaltes liegen. Schöne Deckelbilder von Uralt-Zugpackungen erreichen auf Auktionen manchmal erstaunliche Preise. Also: Die Verpackung niemals wegwerfen!

Markierungen der Produkte (Tinplate)

Die ersten Lutz/Märklin-Eisenbahnen von 1891 waren noch ohne Herstellerzeichen. Mit der Entwicklung eines eigenen Märklin-Stils um 1893 begann man aber, Lokomotiven und Wagen mit dem Firmensignet zu kennzeichnen. Man unterscheidet hierbei drei verschiedene Markierungsarten:

Prägung

Als um 1893 mit der Markierung der Produkte begonnen wurde, geschah dies bei Dampflokomotiven mit einer Prägung beiderseits im Kessel („G.M.&Co", bzw. „G.M.&C" in einem viereckigen Feld).

Ab 1897 wurde ein Wappenschild mit den verschlungenen Buchstaben „G M & Cie" in die Rauchkammertüre (Kesselvorderseite) eingeprägt. Die seitlichen Kesselschilder wurden nun für die Spurweitenbezeichnung verwendet. Das geprägte Wappenschild findet man ebenfalls an den Stirnseiten der meisten Personen- und Güterwagen aus dieser Zeit, sowie in den Schwellen der Gleise.

Bei Neuentwicklungen ab 1910 wurden keine geprägten Wappenschilder mehr verwendet. Bei gängigen, weiterhin produzierten Modellen wurden jedoch (wegen der Werkzeugkosten) die Prägestempel unverändert beibehalten. Man findet das geprägte Wappenschild deshalb auch noch bei Modellen, die erst in den 20er Jahren hergestellt und bereits mit einem Gummistempelaufdruck versehen waren.

Erst 1930 wurde wieder eine neue Prägung eingeführt: das Märklin-„Fahrrad". Man findet es im Wagenboden vieler Personen- und Güterwagen bis zum Ende der Tinplate-Ära.

Gummistempelaufdruck

Bahnhöfe, Lokschuppen und alles andere Zubehör war um die Jahrhundertwende nicht markiert. Teile für die Zubehörfertigung wurden aus großen glatten oder geprägten Blechtafeln je nach Bedarf zurechtgeschnitten. Sie konnten deshalb nicht an einer bestimmten Stelle (wie z.B. einer Rauchkammertüre) geprägt werden. Ab 1910

Markierungen der Produkte (Tinplate)

wurde deshalb die Markierung der Produktion umgestellt. Lokomotiven, Wagen und Zubehör wurden mit einem Gummistempel im nicht sichtbaren Bereich (unten am Bodenblech) versehen. Wappenstempel (ab 1910) und Stempel mit dem Märklin-Schriftzug (ab 1929) wurden im Laufe der Jahre immer wieder leicht geändert. Dies erlaubt dem Sammler eine zeitliche Einordnung der Modelle (siehe unten).

Für das Londoner Kaufhaus „GAMAGE's" wurden die Märklin-Artikel vor dem 1. Weltkrieg nicht mit dem Wappen-, sondern mit einem eigenen GAMAGE's-Stempel versehen. Übrigens: Der Gummistempelaufdruck „Made in Germany" mußte bereits seit 1887 auf alle in englische Gebiete eingeführte Waren aufgebracht sein. Er ist deshalb für eine Datierung nicht geeignet.

Als Teil der Chromlithographie

Bereits mit der Einführung der Lithographie (1904) war das Wappenschild ein Bestandteil des Aufdrucks: bei Loks auf der Rauchkammertüre bis ca. 1910 und bei vielen Personen- und Güterwagen an einer Stirnseite bis in die späten 20er Jahre. Daß bei vielen dieser Modelle gleichzeitig ein Gummistempel zur Markierung verwendet wurde, sei nur am Rande erwähnt.

Märklinzeichen

Prägungen im Blech:
Abkürzung im viereckigen Feld: 1893–1897
Wappen: 1897–1910
Märklin-„Fahrrad": 1930–1965

Gummistempelaufdruck:
Wappen mit „Germany": 1910–1916
Wappen mit „Württemberg" oder „Würtemberg": 1917–1921
Wappen mit „Made in Germany": 1922–1928
nur „GERMANY": 1922–1930

„MÄRKLIN" (im 8-eckigen Feld) mit „Germany": 1929–1935
„MÄRKLIN" (im 8-eckigen Feld) mit „Made in Germany": 1935–1940
„MÄRKLIN" (ohne Umrandung) mit „Germany": 1945–1954

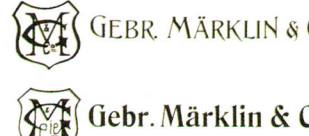
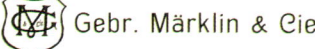

Sammelsystematik (Tinplate)

AVR 1030, eine Starkstrom-U-Bahn-Lok, die zwischen 1911 und 1914 gebaut wurde. Die Ziffer „1" bei der Bezeichnung „1030" deutet zwar sonst immer auf die Uhrwerkversion hin – für Amerika galt dies aber nicht.

Unten: Der amerikanische Bierwagen 2959 S wurde in den Jahren 1907 bis 1915 gefertigt.

Es beginnt doch meistens so, daß man etwas über Tinplate-Eisenbahnen liest oder durch Zufall eine alte Märklin-Lok bekommt, oder einen Zug; man ist fasziniert vom „alten Blech", möchte Genaueres darüber erfahren und versucht, mehr zu bekommen. Doch was genau soll man sammeln? Darauf gibt es im Grunde nur eine Antwort: was einem gefällt und Freude macht! Hören Sie auf den Rat eines erfahrenen Sammlers bei der Anschaffung eines Einzelstückes, aber lassen Sie sich nie von ihm beeinflussen, wenn es um den Inhalt Ihrer Sammlung geht. Sie haben nur langfristig Freude an Ihrer Sammlung, wenn Sie sich nicht Modelle aufschwatzen lassen, die Ihnen nicht gefallen (nur weil „man" sie hat).

Am Anfang möchte man natürlich möglichst viel in möglichst kurzer Zeit bekommen; die Sammlung schnell aufbauen. Mit der Zeit stößt man an Grenzen, seien es räumliche, finanzielle, oder Schwierigkeiten bei der Beschaffung bestimmter Sammlerstücke. Dann will man sich beschränken, eine Systematik in seine Sammlung bringen. Parallel dazu versucht man, die Qualität seiner Sammlung zu verbessern. Es werden Modelle gekauft, die man schon hat, aber im Zustand wesentlich besser sind. Die schlechteren werden wieder verkauft und somit ist auch wieder „Beschaffungskapital" für neue Stücke vorhanden. Die Möglichkeiten, eine Sammlung aufzubauen, sind bei alten Märklin-Blecheisenbahnen sehr vielfältig. Sie sollten sich vorab überlegen:

Wieviel Geld kann ich für die Sammlung erübrigen?

Sie sollten sich zuerst einen monatlichen Etat ausrechnen, der Ihre Familie in keiner Weise belastet. Dies ist wichtig, damit Sie Ihre Sammlung sorgenfrei genießen können. Legen Sie den vorgesehenen Betrag zurück, wenn Sie nichts Zufriedenstellendes finden und legen Sie noch den Betrag dazu, den Sie durch den Verkauf Ihrer Dubletten erzielen – durch dieses Ansparen können Sie sich auch größere, bzw. teurere Modelle leisten, die sonst vielleicht Ihr Budget sprengen würden. Daß Sie das schönste Stück für Ihre Sammlung,

Sammelsystematik (Tinplate)

das Sie sich schon so lange gewünscht haben, ausgerechnet dann finden, wenn der Etat für die Eisenbahn bereits ausgegeben ist, wird Ihnen immer wieder passieren.

Wieviel Platz steht für die Sammlung zur Verfügung?

Sie möchten doch sicher Ihre schönen Modelle um sich haben, mit ihnen leben. Wenn Ihnen dafür kein eigener Raum zur Verfügung steht, werden Sie die Lokomotiven und Wagen vielleicht im Wohnzimmer auf Regalen oder in einer Vitrine präsentieren. Eisenbahnen sammeln ist überwiegend ein Männerhobby – denken Sie dabei auch an Ihre Partnerin. Versuchen Sie, sie für die Sammlung zu interessieren – irgendwann reicht nämlich der Platz in Ihrem Wohnzimmer nicht mehr aus

Wie oder was soll man sammeln?

Es sei nochmals betont: was einem gefällt und Freude macht! Obwohl man am Anfang dazu tendiert, möglichst alles zu behalten (Generalsammlung), was man durch Zufall (oft preislich günstig) bekommt, wird man versuchen, sich aus Platz-, Preis- und Beschaffungsgründen zu spezialisieren. Die Kriterien, nach denen man eine Sammlung aufbauen kann, sind sehr vielfältig und lassen sich nur beispielhaft aufzählen:

Markensammlung: Es gab in Deutschland zwischen 1890 und 1939 zahlreiche Hersteller alter Tinplate-Eisenbahnen, wie z.B. die Firmen Bing, Bub, Carette, Doll, Kraus-Fandor, Märklin, Plank oder Schoenner. Die Verbindung von Modellvielfalt, Schönheit, Funktionstüchtigkeit, Beschaffungsmöglichkeit und Werterhaltung der Modelle war und ist jedoch bei keiner anderen Firma so ausgeprägt wie bei der Firma Märklin, wodurch sie zur Nummer 1 bei den Sammlern wurde. Deshalb wird bei den nächsten Punkten auch nur von Märklin die Rede sein.

Der Bahnhof 2846, angeboten von 1913 bis 1923, wurde für den englischen Markt aufgelegt.

Sammlung einer bestimmten Spurweite: Der eindeutige Favorit bei alten Tinplate-Eisenbahnen ist die Spurweite 0. Spur I wird von Sammlern bevorzugt, die in ihrer Kindheit noch selbst mit diesen Eisenbahnen gespielt haben. Die Spurweiten II und III erfordern eine große Ausdauer (und bei Spur III auch öfters einen großen Geldbeutel) des Sammlers, da solche Modelle nur noch selten am Markt angeboten werden.

Epochesammlung: Hierbei werden nur Modelle einer bestimmten Herstellungszeit gesammelt, z. B. Uralt-Märklin (bis 1910), Märklin-Reichsbahnzeit (20er Jahre) oder Märklin-Modellbahnzeit (30er Jahre). Die Beschaffungsmöglichkeiten sind dabei sehr unterschiedlich. Während man Uralt-Märklin eher in Spur I als in Spur 0 findet (und in der Regel vergleichbare Modelle in Spur I günstiger bekommt), wird umgekehrt aus der Modellbahnzeit wesentlich mehr in Spur 0 angeboten (und man muß für Spur I mehr bezahlen).

Spezialsammlungen: Diese können recht unterschiedlich aufgebaut sein: nach Katalogausgaben: Man nimmt sich z.B. einen alten Märklin-Katalog von 1927 (Reichsbahnzeit), 1932 (Übergang von Reichsbahn- zur Modellbahnzeit) oder 1935 (Modellbahnzeit mit den Anfängern der 00-Bahn) und versucht, alle darin angebotenen Modelle zu bekommen. Diese Art des Sammelns ist bei denjenigen beliebt, die nicht nur Märklin-Eisenbahnen, sondern auch Autos, Dampfmaschinen oder andere Spielzeuge – also trotz der Spezialisierung ein möglichst breites Spektrum – sammeln möchten.

Nur Einzelfahrzeuge, bzw. bestimmte Züge, oder nur Zubehör: Dampflokomotiven oder E-Loks, Straßenbahnen, Kesselwagen, Bahnhöfe, Signale, etc. Hier sind der Fantasie keine Grenzen gesetzt. Solche eng eingegrenzten Sammelgebiete müssen durchaus nicht langweilig sein. Oft sind es Personen, die aufgrund ihres Berufes

Sammelsystematik (Tinplate)

Recht lange, von 1938 bis 1952, wurde der Bahnhof 2002 gefertigt.

oder anderer Interessen spezielle Modelle suchen:
Braumeister und Bierliebhaber: Bierwagen;
Architekten: Prellböcke oder Bahnhöfe;
Speditionskaufleute: Speditionswagen;
Mineralölhändler: Kesselwagen.
(Ehe-)Frauen bevorzugen Zubehör; für sie ist die Aneinanderreihung von 25 Lokomotiven („die sehen ja doch alle gleich aus") eher langweilig; sie haben aber oft viel Freude am dekorativen Zubehör.

Das Spezialgebiet eines der bekanntesten Sammler – Graf Giansanti-Coluzzi aus der Schweiz – waren Modelle der PLM-Züge.

Zeitlich passende Arrangements: Wenn der Platz für eine komplette Anlage nicht ausreicht, man aber doch genügend Stellfläche für einen Anlagenausschnitt zur Verfügung hat, bieten sich folgende Möglichkeiten an: eine Bahnhofsanlage mit Hauptbahnhof, Zeitungskiosk, Toilette, Bahnsteighalle, Restaurationswagen, Figuren, usw., dazu ein Gleis mit einem Personenzug. Oder: Ein Güterbahnhof mit Güterschuppen, Verladerampe, Kran, Benzinfässern und anderem Ladegut, Lademaß, Viehwaage mit Tieren, usw., dazu ein Anschlußgleis mit einem Güterzug. Ein Lokschuppen mit Drehscheibe, Wasserkran und Bekohlungsanlage wäre für Dampflokliebhaber die ideale Art der Präsentation.

Alte Deckelbilder von Zugpackungen: Sie sind nicht nur historisch und künstlerisch interessant, sondern außerdem ein dekorativer Wandschmuck und eignen sich vorzüglich als Hintergrund einer Sammlung. Aber Vorsicht: Zerstören Sie wegen des Bildes keinen gut erhaltenen Original-Karton – er hat auch seinen Wert unter Sammlern.

Sammlung zum Spielen: Wenn Sie einen geeigneten Raum zum Aufbau einer Anlage zur Verfügung haben, wird diese Art des Sammelns sicher nicht nur Ihre Kinder faszinieren. Es ist immer wieder verblüffend, wie gut die Modelle, die ja 60 Jahre und älter sind, heute noch funktionieren. Eine kleine Uhrwerkanlage kann schnell am Fußboden aufgebaut werden: Gleise verlegen, Wagen zuerst auf die Schienen setzen, dann das Uhrwerk der Lok aufziehen, ankuppeln, Bremse lösen, und los geht`s.

Bei größeren stationären Anlagen haben aber Uhrwerklokomotiven den Nachteil, daß ihr Werk immer ausgerechnet in der hintersten Ecke oder im Tunnel abgelaufen ist. Deshalb werden elektrisch betriebene Modelle aus den End-20er- bis End-30er-Jahren bevorzugt. Die Beschaffungsmöglichkeiten sind vielfältig und man kann bereits mit 1000 bis 2000 DM eine Anlage aufbauen und sie dann im Laufe der Zeit weiter ausbauen.

Auf diesen Anlagen kann natürlich auch mit Echtdampf gefahren werden. Spiritusdampflokomotiven üben einen besonderen Reiz auf Sammler aus, da hier nicht nur das Sammeln, sondern auch die Technik am Modell im Vordergrund steht. Wenn dann eine Lok fauchend ihre Runden dreht, ist die Begeisterung bei jung und alt gleichermaßen groß.

Beschaffungsmöglichkeiten (Tinplate)

Von oben nach unten (in Klammern jeweils die Fertigungsjahre):
Triebwagen
TW 66/12940/2
(1937–1940);
Bananenwagen 1792
(1930–1953);
E-Lok RV 66/12920
(1934–1954);
Wärterhaus 2163 B
(1928–1940);
Tierwagen 1983 T
(1936–1940).

Wo bekommt man alte Märklin Tinplate-Eisenbahnen? Man hört zwar manchmal von neuen Rekordpreisen im Fernsehen oder liest davon in Zeitschriften, aber wo man etwas für seine Sammlung kaufen kann, erfährt man dort nicht. Dabei gibt es die verschiedensten Möglichkeiten, altes Blechspielzeug zu erwerben:

● im Antiquitätenhandel oder auf Flohmärkten, vor allem in größeren Städten. Fragen Sie doch einfach einen Händler, ob er einen Kollegen weiß, der mit altem Blechspielzeug handelt. In manchen Städten gibt es auch spezielle Blechspielzeughändler.

● Kleinanzeigen in Eisenbahnzeitschriften und Sammlermagazinen. Sie können diese über den Buchhandel, an Zeitungskiosken und beim Modellbahnhändler bekommen, oder auch abonnieren. Dort finden Sie eine Menge unterschiedlicher Angebote mit Adressen oder Telefonnummern, auf die Sie reagieren können.

● Tauschbörsen und Sammlertreffen. Hier haben Sie die Möglichkeit, aus einem breiten Angebotsspektrum das für Sie Interessante herauszusuchen. Solche Märkte gibt es fast jedes Wochenende - das Angebot ist natürlich sehr unterschiedlich. Fragen Sie doch einfach einige Standinhaber, welches die interessantesten Märkte in Ihrer Gegend sind; die Termine erfahren Sie oft gleich dort oder aus den einschlägigen Eisenbahnzeitschriften. Dabei können Sie auch gleichzeitig Kontakte mit anderen Sammlern knüpfen, die vielleicht das eine oder andere Stück aus ihrer Sammlung verkaufen oder tauschen möchten. Übrigens: Handeln Sie mit den Verkäufern; bei den meisten Modellen ist „im Preis noch was drin!"

● Kauf bei Auktionen. Die Adressen der meisten Auktionshäuser finden Sie ebenfalls in den einschlägigen Sammler-/Eisenbahnzeitschriften. Lassen Sie sich vom Auktionator vorab den Versteigerungskatalog zuschicken. Sie können dann in Ruhe den Katalog durchlesen und die für Sie interessanten Sammlerstücke notieren. Vor der Versteigerung können Sie diese Modelle besichtigen, den Zustand prüfen und sich überlegen, wieviel Sie dafür ausgeben wollen. Wenn Sie noch keine Erfahrungen mit Auktionen haben, setzen Sie sich einfach in den Auktionssaal und schauen zu, wie die Versteigerung abläuft.

● Bei den großen Eisenbahnauktionen in Deutschland findet oft gleichzeitig ein sogenannter Hallen- oder Kofferraum-Tauschmarkt statt. Die Sammler bringen ihre doppelten Stücke zum Tausch oder Verkauf mit und bieten sie in einem Saal oder im Kofferraum ihres Wagens an. Eine gute Gelegenheit, unter einem großen Angebot zu wählen.

Wertanlage (Tinplate)

Obwohl weltweit die verschiedensten Sachen gesammelt werden – seien es Briefmarken, Münzen, Silber, Porzellan, Möbel, Gemälde, etc. – gibt es scheinbar kaum ein Sammelgebiet, bei dem man (oberflächlich betrachtet) sein Geld so sicher anlegen kann, wie bei altem Blechspielzeug. Gerade mit alten Tinplate-Eisenbahnen aus dem Hause Märklin werden heute bei Auktionen und Tauschbörsen Millionenwerte umgesetzt. Was macht den Reiz des alten Spielzeugs aus? Manchmal sind es Kindheitserinnerungen („damit habe ich vor Jahren gespielt", oder „das konnte ich mir damals nicht leisten"); das „Flair" der alten Modelle, die oftmals Fantasieprodukten glichen und doch irgendwo ihr Vorbild hatten; die Technik, weil's nach einem halben Jahrhundert und mehr immer noch funktioniert. Gründe gibt es viele, jeder Sammler kennt seine eigenen.

Als Kapitalanlage sollte man Tinplate-Eisenbahnen erst dann betrachten, wenn man sich in der Materie auskennt und wenn man die Zusammenhänge erkennt, wie sich der Marktpreis eines bestimmten Modells bildet und entwickelt. Dazu muß man folgendes wissen:

● Man sollte stets nur Modelle kaufen, die einem selbst gefallen. Nur dann schätzt man den Wert eines Gegenstandes und verliert auch nicht die Freude daran, wenn die erhoffte Wertsteigerung einmal ausbleibt – Freude ist auch eine Kapitalanlage!
● Das Interesse am Markt (Angebot und Nachfrage) entscheidet über den Wert der einzelnen Modelle. Eine Lok kann noch so schön sein oder preisgünstig angeboten werden – ist kein Interessent vorhanden, findet sie auch keinen neuen Liebhaber.
● Eine Aussage, welche Spurweite (0–III) langfristig die „wertbeständigste" ist, kann nicht gemacht werden. Die Anzahl der am Markt vorhandenen und erreichbaren Modelle in den einzelnen Spurweiten ist zwar unterschiedlich, aber nicht ausschlaggebend für die Bewertung einer bestimmten Spurweite.

Das Verhältnis der angebotenen Sammlerstücke bei Spur 0 und I liegt bei etwa 8:1; dies beeinflußt jedoch die Preisentwicklung nicht, da es ja auch entsprechend weniger Spur I-Sammler gibt. Uralt-Märklin (bis 1909) findet man heutzutage leichter in Spur I als in Spur 0. Umgekehrt dazu werden viel mehr Modelle aus den 30er Jahren in Spur 0 angeboten als in Spur I. Bauartgleiche Modelle der 30er Jahre sind in Spur I fast immer teurer als in Spur 0 – umgekehrt muß man für Uralt Spur 0 häufig mehr bezahlen als für Spur I.

Bei den ganz großen Spurweiten (II und III) sieht es etwas anders aus: Ihre Bauzeit endete praktisch in der Zeit um den 1. Weltkrieg. Der Sammlerkreis ist klein – genauso wie das Angebot. Während die Spur II vielfach nur unwesentlich teurer gehandelt wird als Spur I, muß man für Eisenbahnen der Spur III viel tiefer in die Tasche greifen. Aber glauben Sie nicht, daß sich nur „reiche Leute" die ganz großen Spuren leisten; es gibt Sammler, die mit einem verhältnismäßig kleinen Budget Spur III sammeln (nach dem Motto: kleine Sammlung, aber feine Sammlung!).
● Die Seltenheit ist häufig ausschlaggebend für den Wert der alten Tinplate-Eisenbahnen. Warum heute eine Lok oder ein Wagen selten ist, hängt nicht nur mit einer kurzen Bauzeit, sondern vielfach mit den damaligen Kinderwünschen zusammen. 1937 kostete eine E 66/12920 (39,5 cm) 37,50 RM, eine TCE 66/12920 (26,5 cm) 40,00 RM; für eine HR 66/12920 (52,5 cm) mußte man 75,00 RM bezahlen, ebensoviel für eine TK 66/12920 (34 cm). In beiden Fällen bekam man für gleich viel, bzw. für weniger Geld eine längere Lokomotive (sogar mit Schlepptender). Eine längere Lok zum selben Preis – dies war der Grund, warum damals viel weniger Tenderlokomotiven ge-

Wertanlage (Tinplate)

kauft wurden und weswegen sie heute auch so verhältnismäßig selten (und daher teurer) sind.

Kesselwagen wurden in unterschiedlichen Farben mit verschiedenen Beschriftungen angeboten, aber bei jeder Serie nur ein Wagen im Katalog abgebildet. Die anderen Varianten wurden nur in der Bildunterschrift erwähnt und entsprechend weniger gekauft.

Nicht alles, was selten ist, muß zwangsläufig teurer sein. Eine HR 66/12920 (Achsfolge 2'C1') aus den 30er Jahren ist häufiger anzutreffen als eine GR 66/12920 (2'C) aus derselben Zeit. Beiden diente die BR 01 oder bereits restaurierten Modell muß aber jeder Sammler für sich selbst entscheiden, wieviel er dafür ausgeben will. Der Wert eines sehr gut erhaltenen Sammlerstückes kann leicht doppelt so hoch sein wie der eines Modells mit Gebrauchsspuren.

● Die Mechanismen, die einen Werterhalt, -zuwachs oder -verfall auslösen, sind vielschichtig. Der Einsatz von wenig Geld bei niedrigpreisigen Modellen kann prozentual die gleiche Wertsteigerung erfahren wie Kapitalanlagen bei hochpreisigen Artikeln. Wertsteigerungen entwickeln sich entweder gleichmäßig langsam, oder in Schüben, d.h. nach einem kräftigen len können. Verglichen wurden DM-Preisnotierungen 1985 (in Klammern) und 1995 in den Schiffmann-Sammlerkatalogen:

R 66/12900 Dampflok grau, 28,5 cm, (450,00) 1.000,00;
HR 66/12920 Dampflok schwarz, 52,5 cm, (4.200,00) 7.000,00;
1727/0 Personenwagen, 17,5 cm, (140,00) 280,00;
1941/0 Personenwagen, 40 cm, (1.200,00) 2.200,00;
1674/0 SHELL Kesselwagen, 13 cm, (170,00) 260,00;
1854/0 ARAL Kesselwagen, 24,5 cm, (2.700,00) 2.800,00;
R 66/12921 Dampflok grün, 45 cm, (1.600,00) 3.600,00;

Oben: die 20-Volt-Dampflok HR 66/12920, gefertigt von 1938–1954.
Linke Seite unten: Von 1900 bis 1902 wurde die Zahnrad-Uhrwerk-Tenderlok 2321 von Märklin gebaut.

der Reichsbahn als Vorbild, die HR ist jedoch vorbildgerechter. Sie ist der Wunschtraum eines jeden Sammlers und liegt deshalb höher im Wert.
● Die Sammelwürdigkeit hängt (bis auf einige Ausnahmen im Uraltbereich) immer mehr vom Zustand ab. Viele alte Tinplate-Teile haben irgendwelche kleinen oder größeren Beschädigungen – es waren ja einmal Kinderspielzeuge. Sie sind deswegen nicht wertlos; bei einem nicht mehr so gut erhaltenen Preisanstieg folgt eine Konsolidierungsphase, in der sich der Sammlerpreis über einen längeren Zeitraum hinweg nicht verändert.

Das soll aber nicht bedeuten, daß das Sammeln alten Blechspielzeugs generell mit einem Wertzuwachs verbunden ist. Wenn man von der Faustregel ausgeht, daß sich in 10 Jahren der Kapitaleinsatz verdoppeln soll, wird man bei den folgenden Beispielen sehr unterschiedliche Entwicklungen feststellen HR 66/12921 Dampflok schwarz, 72 cm, (13.000,00) 16.000,00.
1807/1 Personenwagen, 26,5 cm, (360,00) 700,00;
1941/1 Personenwagen, 57 cm, (2.500,00) 3.900,00;
1674/1 SHELL Kesselwagen, 20 cm, (1.500,00) 1.700,00;
1854/1 ARAL Kesselwagen, 33,5 cm, (5.800,00) 6.000,00;
● Vergessen Sie bei allen Gedanken ans liebe Geld eines nicht: Freude am Sammeln ist auch eine Kapitalanlage – eine allerdings unbezahlbare!

Restaurierungen, Nachbauten und Fälschungen (Tinplate)

Die unangenehmste Seite einer jeden Sammlung, bei der es möglicherweise um viel Geld geht, sind Fälschungen. Altes Blechspielzeug der Firma Märklin – weil sehr beliebt und manchmal sehr teuer – wird auch davon nicht verschont. Zum besseren Verständnis ist es nötig, zuerst die Begriffe „Restaurierungen", „Nachbauten" und „Fälschungen" etwas genauer einzugrenzen.

Restaurierungen

Restauratoren helfen, ein altes, schlecht erhaltenes Sammlerstück wieder ansehnlich zu machen. Bei verschiedenen Sammelgebieten (z.B. bei Ölgemälden, Oldtimern, usw.) ist dies oft nötig und wird von Sammlern und Museen akzeptiert – ein unansehnliches (altes) Stück wird durch die Restauration der Nachwelt erhalten. Dies muß manchmal auch bei altem Blechspielzeug geschehen. Damit soll natürlich nicht gemeint sein, daß jeder kleine Lackschaden beseitigt wird. Jeder Sammler muß und will für sich selbst entscheiden, ob er ein Modell in seinen ursprünglichen Zustand zurückversetzt, so daß es das Auge erfreut, oder ob er selbst sehr starke Lackschäden und fehlende Teile toleriert (es war ja „Kinderspielzeug", also sind Spielschäden „normal"). Hierbei wird auch deutlich, daß man altes Blechspielzeug, das man durch Zufall auf einem Dachboden entdeckt hat und verkaufen will, niemals „reparieren" sollte! Selbst übertriebenes Putzen durch einen Laien wird von Sammlern gefürchtet: Kann doch eine unfachmännische Reinigung eines alten Modells bereits zu Verlusten der feinen Zierlinien führen.

Es gibt auch bei Sammlern Unterschiede in der Akzeptanz einer Restauration: Bei einer alten Uhrwerklok wird ein Sammler die kaputte Feder reparieren oder erneuern, aber wegen einiger kleiner Lackschäden niemals die Lok neu lackieren. Dagegen sind die Liebhaber von Echtdampflokomotiven (für sie steht die „Technik" des Spielzeugs und deren Funktion im Vordergrund) durchaus bereit, Lackschäden zu beseitigen, da der Betrieb mit Spiritus meistens auch eine Beschädigung der Lackierung zur Folge hat. Daß ein – wie gut auch immer – restauriertes Sammlerstück nicht mehr den Wert eines Originals erreichen kann, muß wohl nicht extra betont werden.

Nachbauten (sog. Repliken)

Wenn man – stark vereinfacht – die Käufer von Märklin-Blechspielzeug-Eisenbahnen in zwei Interessengruppen einteilen würde, könnte man erstens die Sammler und zweitens die Spieler nennen. Beide Gruppen verfolgen unterschiedliche Ziele: Sammeln und Spielen. Beide stellen auch unterschiedliche Ansprüche: Der Sammler sucht alte Tinplate-Eisenbahnen im Originalzustand, möglichst gut erhalten; der Spieler achtet auf Gefälligkeit und Zweckmäßigkeit seiner Modelle, die nicht unbedingt alt und/oder original sein müssen. Oder anders ausgedrückt: Ein Sammler möchte, daß z.B. die Beladung seines Plattformwagens (Auto, Speditionswagen, Flugzeug, etc.) aus der damaligen Zeit von Märklin hergestellt wurde, während der Spieler solche Wagen (die im Original recht teuer sein können) zur Auflockerung seines Güterzuges sucht, wobei er – da Spielbetrieb zu Blechschäden führen kann – auch einen Nachbau akzeptiert. Diese Repliken (meistens Lokomotiven und Wagen aus den 30er Jahren) werden auf verschiedenen Märkten und Tauschbörsen offiziell angeboten und haben den Vorteil, daß sie dem Original entsprechen, aber wesentlich preisgünstiger sind. Wichtig wäre hier eine deutliche Kennzeichnung als Replik mit einem Prägestempel (z.B. das Signet des Herstellers unten an einer Lok oder im Wagenboden). Dieser wäre von Fälschern nicht so einfach zu entfernen wie

Restaurierungen, Nachbauten und Fälschungen (Tinplate)

ein Gummistempel und würde den nicht so erfahrenen Sammler/Spieler bei der Kaufentscheidung unterstützen.

Teilenachbauten helfen den Sammlern bei der Ergänzung ihrer Modelle. Unproblematisch dürfte hier die Ergänzung einer Lampenabdeckhaube bei der Beleuchtung eines Signals sein; die Ergänzung eines fehlenden Wellblechhäuschens über dem Antrieb desselben Signals sollte aber bereits kenntlich gemacht werden. Wenn sich dann gar z.B. beim Flugzeugtransportwagen 1881 das komplette, zerlegbare Flugzeug auf einem Original-Märklin-Unterwagen als verheimlichter Nachbau herausstellt, kann nicht mehr von „Ergänzung" (oder ähnlichen schönen Worten) gesprochen werden.

Fälschungen

Im Gegensatz zu gekennzeichneten Repliken werden Fälschungen nur in der Absicht hergestellt, durch Betrug einen finanziellen Vorteil zu erreichen.

Märklin hat eine Reihe von schönen Modellen entwickelt und als Prototyp hergestellt, aber dann doch nicht in Serie produziert. Als Beispiel mag der Henschel-Wegmann-Zug und der Glastriebwagen aus dem Märklin-Museum dienen. Außerdem wurden in früheren Zeiten bei Märklin auf Sonderwunsch Modelle gefertigt, die nie in Serie gingen oder in den Verkaufskatalogen angeboten wurden. Nicht alles Unbekannte muß deshalb gleich eine Fälschung sein. Unter Sammlern gilt der Spruch: „Es gibt nichts, was Märklin nicht gemacht hat!" Einige Sammler suchen solch seltene Stücke, müssen dann aber auch erkennen können, ob das Modell wirklich von Märklin stammt, oder ob es ein geschickter Fälscher angefertigt hat. Die Gefahr, hierbei auf eine mögliche Fälschung hereinzufallen, ist für einen erfahrenen Sammler nicht so groß, da sich eine solche „Einzelproduktion" oftmals wegen der Werkzeugkosten für einen Fälscher nicht lohnt. Es werden meist Modelle im vierstelligen DM-Bereich gefälscht, die für den durchschnittlichen Sammler erschwinglich sind. Hier sind noch genügend echte Sammlerstücke am Markt, so daß eine einzelne Fälschung nicht so sehr auffällt. An rare Einzelstücke im fünfstelligen DM-Bereich wird sich kaum ein neuer Sammler herantrauen – und die Erfahrung eines alten Sammlers ist nicht so leicht zu betrügen. Die weit größte Gefahr, auf Fälschungen hereinzufallen, besteht vor allem bei vier Teilbereichen der alten Märklin-Blecheisenbahnen:

Linke Seite oben: Oft als Fälschung wird der Central-Bahnhof 1940 angeboten, im Original gebaut in den Jahren 1898 bis 1903.

Fälschungsgefährdet ist auch der Möbelwagen des Möbeltransportwagens 1877.

● Modelle aus der Zeit der Jahrhundertwende (sog. Uraltmodelle). Hier ist es vor allem das dekorative Zubehör, das aufgrund seiner Seltenheit sehr gesucht und daher sehr fälschungsgefährdet ist. Die Modelle, von denen immer wieder Fälschungen auftauchen, sind der Central-Bahnhof 1940, das Stellwerk 2138/1 und die Bogenlampe 2435.
● Modelle aus den 30er Jahren (sog. Modellbahnzeit). Während hier das Zubehör selten gefälscht wird (eine Ausnahme ist die Fahnenstange 2611), sind es vor allem die Nachbauten der Kesselwagen 1674, 1774 und 1854, Talbot-Wagen 1767, Braunkohlestaubwagen 1775 und Milchtransportwagen 1777.
● Beladungen von Plattformwagen. Keine Firma hat eine derart große Palette an Güterwagen mit unterschiedlicher Beladung in der Tinplate-Ära gefertigt, wie Märklin. Die verschiedenen Beladungen sind natürlich gesucht, werden nachgebaut und leider auch immer wieder als Originale angeboten.
● Farbfälschungen von Kesselwagen. In der Regel sind bei allen Kesselwagen-Serien die gelben SHELL-Wagen häufig und die roten STANDARD-, bzw. DAPOLIN-Wagen selten zu finden. In den alten Märklin-Katalogen wurden nämlich meistens nur die SHELL-Kesselwagen abgebildet, mit einem Hinweis, daß es auch noch Wagen in anderen Farben und Beschriftungen gibt. Dementsprechend wurden meistens die abgebildeten Wagen von den Kindern gewünscht und gekauft. Da diese roten Kesselwagen im Wert unter Sammlern ca. vier- oder fünfmal höher liegen können als die gelben, wird natürlich versucht, einen SHELL-Kesselwagen in einen roten mit der entsprechenden Beschriftung umzulackieren. Wie erkennt man diese verschiedenen Fälschungen und wie kann man sich davor schützen?

43

Restaurierungen, Nachbauten und Fälschungen (Tinplate)

Der Tierwagen 1983 T (rechts) und der Kesselwagen 1774 BV (oben) sind Beispiele für gelungene Repliken.

Ein Maß-, Gewichts- und Farbvergleich kommt nur bei maschinell gefertigten Teilen in Frage, oder bei solchen, die maschinell geprägt und ausgestanzt sind. Aber dazu fehlt leider meistens ein geeignetes Vergleichsmodell. Außerdem wurden die alten Stücke bei Märklin oft noch völlig mit der Hand hergestellt – dadurch sind Maßdifferenzen üblich. Die Farbmischungen und Zierlinien können auch nicht identisch sein, wenn ein Modell über eine längere Periode und von mehreren Personen lackiert wurde.

Der Märklin-Stempel muß noch lange keine Garantie sein, daß das gute Stück alt und original ist. Stempel sind in der Herstellung nicht teuer und werden auch von Fälschern in allen Varianten benutzt. Umgekehrt hat Märklin nicht alle seine Modelle mit einem Stempel oder einer Logo-Prägung versehen; wenn diese fehlen, ist das noch kein Hinweis auf eine Fälschung.

Die Originalverpackung kann ebenfalls täuschen. Es kann genausogut möglich sein, daß eine Fälschung in einen alten Märklin-Originalkarton oder eine Originalholzkiste gesteckt wird, wie auch diese Verpackung selbst neu gefertigt sein kann. Hinweise auf besonders fälschungsgefährdete Modelle in den einschlägigen Sammlerkatalogen können nur begrenzt weiterhelfen. Sie können nur dazu dienen, den Sammler auf diejenigen Modelle aufmerksam zu machen, bei denen Vorsicht geboten ist.

Mit sog. „UV-Lampen" (erhältlich z.B. in Briefmarken-Fachgeschäften) kann man Lackierungen überprüfen. Versuchen Sie doch selbst einmal, ein altes billiges Wägelchen zu restaurieren und bessern Sie die Lackschäden mit einem Pinsel und Farbe aus. Nach dem Abtrocknen beleuchten Sie diesen Wagen mit der UV-Lampe (zur besseren Erkennung anfangs in einem verdunkelten Raum). Die ausgebesserten Stellen sind wesentlich dunkler als die Originallackierung daneben. Wenn Sie sich diesen Farbunterschied eingeprägt haben, wird es Ihnen mit der Zeit auch leicht fallen, eine komplette Neulackierung zu erkennen. Doch auch hier muß leider die Einschränkung gemacht werden, daß mittlerweile einige Fälscher UV-sichere Farben mischen können! Letztendlich kann Ihnen nur die eigene Erfahrung weiterhelfen. Die abgebildete „Märklin"-Wartehalle soll Ihnen als Beispiel dienen: Verkauft auf der ISA 1994 (für mehrere Tausend Mark) von zwei in Stuttgart lebenden Chemnitzern, die das Häuschen angeblich von einem alten Mann aus Sachsen zusammen mit seiner alten Märklin-Eisenbahn erworben hatten. Durch diese „Verkaufsgeschichte" wird man erst einmal unsicher. Die Wartehalle ist in keinem alten Märklin-Katalog aufgeführt. Die Echtheit vorausgesetzt, kann es sich nur um eine Einzelanfertigung oder ein Handmuster handeln, das dann nicht in Serie gefertigt wurde – aber wie kommt ein Handmuster von Göppingen nach Sachsen?

Man wendet es hin und her – auf den ersten Blick spricht der Stil des Häuschens für Märklin. Das Blech, die Lackierung, die „schönen" Lackschäden, der zeitlich richtige Märklin-Gummistempel auf der Bodenplatte (1910–1916), die

Restaurierungen, Nachbauten und Fälschungen (Tinplate)

Verzierungen am Dach, die „Schwanenhälse". Das falsche Hinweisschild im Inneren (vom Carette Richtungsanzeiger 647/15) kann ja später eingesetzt worden sein, weil das Märklin-Schild verloren ging (welcher gute Fälscher würde denn ein offensichtlich falsches Schild verwenden?!?). Eine genauere Untersuchung ergab dann folgendes:

● Unter der UV-Lampe konnte man nichts Verdächtiges erkennen. Es ist also entweder alter Originallack oder neuer Schellack nach alter Rezeptur.
● Die Maße des Sockels (auch die Prägung) stimmen völlig mit dem Richtungsanzeiger 2646 von Märklin überein. Das ist ansich nichts Ungewöhnliches, denn bei einem Handmuster wurde gerne auf vorhandene Teile zurückgegriffen, um Werkzeugkosten zu sparen.
● Während die Sockelunterseite mit dem Märklin-Stempel natürliche Altersspuren im Lack aufzeigt, ist die Lackierung der Sockeloberseite und der Seitenwände in ihrer Konsistenz etwas zu glatt. Dies könnte zwar durch übertriebenes Putzen entstanden sein, aber die dort vorhandenen Lackschäden passen in ihrer Art nicht zu denen der Sockelunterseite.
● Unter der Lupe erkennt man, daß die vorhandenen Lackrisse, die ein gewisses Alter vortäuschen sollen, nicht unregelmäßig gerissen, sondern gerade und geschnitten sind! Der erste eindeutige Hinweis auf eine Fälschung!
● Die beiden „Schwanenhälse" unter dem Dach erinnern zwar an verschiedene alte Märklin-Spielzeuge (Kutschen, Puppenwagen, Küchenwaagen), aber bei einer Gegenüberstellung erkennt man die Unterschiede.
● Das Palmettenband (Dachverzierung) hält einen Vergleich mit dem von Märklin nicht stand, es ist etwas zu flach geprägt und die einzelnen Palmetten sind etwas zu eng gesetzt. Kein Hersteller hätte aber wegen eines Handmusters ein neues Prägewerkzeug für ein Palmettenband herstellen lassen, wenn ein fast identisches in der normalen Fertigung vorhanden war. Außerdem ist dieses Band identisch mit einem heute als Ersatzteil angebotenen Nachbau. Durch die Verwendung einer Originalbodenplatte des Märklin-Richtungsanzeigers 2646 mit dem Originalstempelaufdruck von Märklin (verwendet 1910–1916) ist die betrügerische Absicht des Herstellers offenkundig, selbst wenn er es an seinen Zwischenhändler als Eigenkomposition abgibt. Er kennt den Sammlermarkt so genau, daß er sich ausrechnen kann, wie schnell es als Original angeboten wird.

Bei dieser Wartehalle ist nur mehr der Sockel echt!

Wie kam man nun dem Fälscher auf die Spur? In diesem Fall war es verhältnismäßig einfach. Kurz nach der Veröffentlichung eines Bildes der Wartehalle in einem Sammlerkatalog kamen die ersten Anrufe von Sammlern, denen das Stück angeboten worden war und die über die Herkunft eine Aussage machen konnten. So konnte der Weg zurückverfolgt werden.

Lassen Sie sich jetzt als neuer bzw. junger Sammler von dieser Geschichte „nicht verrückt machen"! Erinnern Sie sich an die verpatzte Mathe- oder Englischarbeit aus Ihrer Schulzeit und akzeptieren Sie, daß jeder (auch der erfahrenste Sammler) auf eine Fälschung hereinfallen kann. Und ist es wirklich einmal passiert – die Freude an all Ihren schönen originalen Modellen kann Ihnen niemand nehmen. Versuchen Sie, Ihren Blick für das Original zu schulen. Bei Besuchen in Museen, auf Tauschbörsen und Auktionen bekommt man durch den Vergleich der einzelnen Modelle mit der Zeit ein Gespür dafür, was gut und sammelwürdig ist. Der Kauf bei seriösen Auktionatoren, Händlern und Sammlern wird Ihnen die Auswahl der richtigen Modelle erleichtern.

Lokomotiven (Tinplate)

Die Uhrwerkdampflok 1020, gebaut zwischen 1898 und 1900.

Von 1900 bis 1903 wurde diese Version der Uhrwerkdampflok unter der Nummer 1020 B angeboten.

Später war dann das Modell B 1020 in der Produktion, und zwar von 1908 bis 1914.

Lokomotiven (Tinplate)

Von 1920 bis 1928 wurde die Uhrwerkdampflok CE 1020 NBR produziert.

Mitte: Die H 64/13020 ist eine 20-Volt-Dampflok, die in den Jahren 1926 bis 1928 gebaut wurde.

Unten: Bei der TK 1020 handelt es sich um eine Uhrwerkdampflok, gefertigt von 1929 bis 1934.

Lokomotiven (Tinplate)

Von 1929 bis 1931 war die 20-Volt-Dampflokomotive R 65/13050 im Angebot.

Die E 66/12020 ist ebenfalls eine 20-Volt-Dampflokomotive, die über den langen Zeitraum von 1938 bis 1954 gebaut wurde.

Unten: Nur drei Jahre, von 1926 bis 1928, war die Spiritusdampflok H 4020 erhältlich.

Lokomotiven (Tinplate)

Diese Seite zeigt 20-Volt-E-Lokomotiven: die von 1927 bis 1931 gebaute V 65/13020 ...

... die „Gotthard-Lok" S 64/13021, gebaut von 1927 bis 1928, ...

... und das „Krokodil" CCS 66/12921, welches von 1933 bis 1937 erhältlich war.

Personenwagen (Tinplate)

Um die Jahrhundertwende, zwischen 1898 und 1906, wurde der Abteilwagen 1806/II produziert.

Den Postwagen 1802/II gab es von 1898 bis 1903.

Von 1898 bis 1906 wurde der Abteilwagen 1806/I gefertigt.

Personenwagen (Tinplate)

Der Personenwagen 1727/0 wurde von 1933 bis 1953 angeboten.

Von 1932 bis 1937 gab es den Gepäckwagen 1732/0.

Der Postwagen 1733/0 war von 1934 bis 1937 im Programm.

Personenwagen (Tinplate)

Der vierachsige Speisewagen 1842/0 wurde von 1902 bis 1914 angeboten.

Der dazupassende Schlafwagen 1842/0 war im gleichen Zeitraum erhältlich.

Dies gilt auch für den farbenfrohen Post-Gepäckwagen 1844/0.

Personenwagen (Tinplate)

Vierachsiger Personenwagen 1941/0, im Angebot von 1933 bis 1939.

Mitte: Den roten Schlafwagen „Mitropa" mit der Nummer 1943/0 gab es ebenfalls von 1933 bis 1939.
Unten: Dies gilt auch für den Gepäckwagen 1944/0.

Güterwagen (Tinplate)

Amerikanischer Bierwagen 2960/0, gebaut in den Jahren 1913 bis 1915.

Amerikanischer gedeckter Güterwagen 2935/0, angeboten von 1912 bis 1914.

Von 1907 bis 1915 gab es diesen amerikanischen Bierwagen mit der Nummer 2959P/0.

Güterwagen (Tinplate)

Dieser Kesselwagen mit der Nummer 1674/0 S wurde von 1933 bis 1954 im Programm geführt.

Den Bierwagen 1688/0 hingegen gab es nur in den Jahren 1938 bis 1940.

Nicht viel länger, von 1935 bis 1940, war der grüne Viehwagen 1689/0 im Angebot.

Güterwagen (Tinplate)

Der zweiachsige Schotterwagen „Talbot" mit der Nummer 1767/0 war von 1933 bis 1939 im Sortiment.

Den Stammholzwagen 1838/0 gab es in den Jahren 1925 bis 1931.

Den mit einem kleinen Propellerflieger beladenen Flugzeugwagen 1996/0 fertigte Märklin in den Jahren 1931 bis 1935.

Güterwagen (Tinplate)

Vierachsiger Kesselwagen „Leuna", angeboten zwischen 1934 und 1940. Er hat die Nummer 1854L/0.

Den gedeckten Güterwagen mit der Nummer 1856/0 gab es in den Jahren 1934 bis 1940.

Der Kühlwagen 1857/0 wurde von 1937 bis 1940 von Märklin gebaut.

Zubehör (Tinplate)

Der „Central-Bahnhof" 2004/1 wurde von 1909 bis 1914 gebaut.

Die Einsteighalle 2060/38 wurde von 1902 bis 1927 angeboten.

Zubehör (Tinplate)

Der Großstadtbahnhof „Der kleine Leipziger" war in den Jahren 1925 bis 1934 unter der Nummer 2035 im Angebot.

Der Stuttgarter Bahnhof, gebaut von 1930 bis 1949, hat die Nummer 2039G/0 erhalten.

Zubehör (Tinplate)

Variante des Hauptsignals 13957 aus dem Märklin-Archiv und dazupassendes Vorsignal. Während das Hauptsignal 12337/1 in den Jahren 1920 bis 1938 gebaut wurde, gab es das Vorsignal 13945 von 1933 bis 1937.

Rechts: Die rot lackierte Bogenlampe 13452/1 wurde in den Jahren 1936 bis 1940 angeboten. Die mit zwei Glühbirnen bestückte Lampe 13451/2 gab es von 1927 bis 1935. In den Jahren 1930 bis 1940 wurde die Bogenlampe 13453/4 produziert.

Zubehör (Tinplate)

Oben: Der Güterschuppen 2105/1 war nur in den Jahren 1913 bis 1915 im Sortiment.

Links: Von 1904 bis 1926 wurde der Brückenlaufkran 2585 gefertigt.

Einführung der neuen Spur 1

Als 1935 mit der Einführung der 00-Bahn das Ende der großen Spuren bei den Spielzeugeisenbahnen eingeläutet wurde, war zuerst die Spur I von der Einstellung der Produktion (1938) betroffen. Die Spur 0 hielt sich zwar noch bis 1954, jedoch zwangen finanzielle Sorgen und Wohnungsnot der Bürger, sowie Materialknappheit in den Betrieben während der Kriegs- und Nachkriegsjahre zu einer Straffung der Produktpalette. Die damaligen Bahnen der großen Spurweiten waren hinsichtlich Anschaffungspreis und Platzbedarf der neuen 00-Bahn deutlich unterlegen.

Das Interesse an den großen Eisenbahnen ist jedoch nie so ganz verschwunden. Durch das Wirtschaftswunder der Nachkriegszeit war es vielen Familien möglich, sich den Wunsch eines eigenen Häuschens mit Garten zu erfüllen. Und so ein Garten bot natürlich auch die Gelegenheit, eine freilandtaugliche Modelleisenbahn aufzubauen. Märklin entschied sich Ende der 60er Jahre für den Neubeginn der Spur 1.

Waren die alten Tinplate-Eisenbahnen dem Vorbild nur nachempfunden und für den Spielbetrieb im Haus gedacht, sollte es jetzt eine kinderfreundliche und gleichzeitig modellgerechte Bahn sein, die außerdem auch als Gartenbahn genutzt werden konnte. Der Spielbetrieb stand im Vordergrund, weshalb ein Kurvenradius von 600 mm gewählt wurde, der einen abwechslungsreichen Aufbau auch im Kinderzimmer ermöglichen sollte. Die neuen Modelle waren exakt im Maßstab 1:32 gebaut; sie waren vorbildgerecht detailliert, aber gleichzeitig so stabil, daß Kinderhände damit umgehen konnten.

Die Dampflokomotive der BR 80 (5700) war von 1969 bis 1981 im Angebot.

Von 1971 bis 1981 war diese Werksdiesellok (5720) ein Katalogartikel.

Einer der ersten Wagen der „neuen 1" war dieser offene Güterwagen (5850), der von 1969 bis 1987 erhältlich war.

Einführung der neuen Spur 1

Mit drei Güterzug-Startpackungen stellte Märklin bei der Nürnberger Spielwarenmesse 1969 das neue Programm vor: Die Startpackung 5500 mit einer Dampflok der BR 80 (5700), einem offenen braunen Güterwagen (5850) und einem Kippwagen (5859); außerdem zwei Startpackungen 5520 und 5521 mit Werksdieselloks der DHG (in unterschiedlichen Ausführungen) mit jeweils zwei oder einem Güterwagen. Der offene grüne Güterwagen (5851) war – wie übrigens auch alle anderen Fahrzeuge – einzeln erhältlich.

Beim Gleissortiment wurde mit drei verschieden langen, geraden Gleisen, einem gebogenen Gleis, je einer rechten und linken Handweiche und einem Prellbock der Grundstock zum erfolgreichen Aufbau einer Anlage gelegt.

Trotz des großen Kapitaleinsatzes in diese neue Spur 1, der ja auch von einem Großserienhersteller wie Märklin erst einmal verkraftet werden mußte, wurde das Programm bereits 1970 erweitert. Mit zwei verschiedenfarbigen Personenwagen (5800 beige/rot und 5801 grün) konnte man die ersten Personenzüge zusammenstellen. Zwei offene Güterwagen (5855 orange und 5856 hellgrün), sowie ein Rungenwagen (5853 gelb) erweiterten das Sortiment.

In den nächsten Jahren wurde die Produktpalette ständig erweitert. So kamen beispielsweise zum bereits vorhandenen Gleissortiment 1971 die elektromagnetischen Weichen und 1977 Signale neu ins Angebot. 1972 wurden die ersten gedeckten Güterwagen mit Schiebetüren und 1977 Kesselwagen mit verschließbarer Einfüllöffnung und funktionsfähigem Ablaßventil vorgestellt.

Offener Güterwagen (5851), im Angebot von 1969 bis 1987.

Der Kippwagen (5859) war von 1969 bis 1986 lieferbar.

Unten: Zug aus der seit 1994 erhältlichen Startpackung MAXI.

Bis zu diesem Zeitpunkt stand noch der auf Kinder ausgerichtete Spielbetrieb im Vordergrund. Da sich aber immer mehr Erwachsene für Märklins große Spur 1 begeisterten, begann 1978 ein deutlicher Wandel hin zur Modelleisenbahn.

Mit einer Schlepptenderlok der BR 38 (P 8), dreiachsigen Abteil- und Gepäckwagen, sowie Bogengleisen für einen Radius von 1020 mm wurde die neue Ära eingeläutet. Die P 8 war von Anfang an sehr beliebt. Ihre verschiedenen Versionen (Gleich- oder Wechselstrom, wahlweise mit oder ohne Geräuschelektronik) und verschiedenen Betriebsnummern interessierten Modellbahner und auch Sammler, die dieses Modell in einer Vitrine zuhause ausstellten.

Märklins „neue 1" war jetzt endgültig am Markt etabliert. Das Sortiment wurde ständig durch neue Loks, Wagen und Zubehör erweitert; Lokomotiven und Wagen erhielten Federpuffer, die Standardkupplung konnte gegen eine Schraubenkupplung ausgetauscht werden. Der Kreis der Interessenten, jetzt nicht mehr nur spielende Kinder, sondern erwachsene Modellbahner und Sammler, vergrößerte sich ständig und erfreute sich am Detailreichtum und an der aufwendigen Bedruckung und Beschriftung der herrlichen Modelle.

Durch die Hinwendung zur Modellbahn wurden die spielenden Kinder etwas vernachlässigt. Märklin trug dem Rechnung und schuf 1994 die MAXI-Bahn. Diese Eisenbahn, ebenfalls in Spurweite 1 hergestellt und natürlich mit der normalen Spur 1 kompatibel, ist komplett aus Metall gefertigt. Die Anfänge der MAXI-Bahn verraten schon, daß hier ein weiteres interessantes Produkt entwickelt wurde.

Antriebsarten – Motoren und Schaltungen – „die neue 1"

Das Innenleben einer Dampflokomotive der BR 55 (rechts) und einer BR 80 (Mitte).

Die Technik macht auch bei Neuentwicklungen nicht halt. Was gestern noch neu und gut war, ist heute oft schon überholt und wird durch noch neuere, noch bessere Techniken ersetzt. In der relativ kurzen Zeit, in der sich die neue Spur 1 von Märklin am Markt so erfolgreich behauptete, mußte mancher Motor und manche Fahrtrichtungsumschaltung – obwohl voll funktionstüchtig – der neuen Zeit angepaßt werden, um konkurrenzfähig und „auf dem neuesten Stand der Technik" zu bleiben.

Durch die ursprüngliche Konzeption als Spielbahn sollte die neue Spur 1 (falls technisch möglich) bewährte Bauteile der H0-Bahn, die sich über Jahre hinweg als verläßlich gezeigt hatten, beinhalten. So war es zum Beispiel völlig logisch, daß bereits vorhandene Trafos auch bei der neuen Spur 1 verwendet werden konnten.

Beim Gleismaterial wurde zwar aus optischen Gründen auf den bewährten Mittelleiter verzichtet, aber als Versorgungsspannung wurde auch hier Wechselspannung gewählt. So war es wie im H0-System möglich, die Fahrtrichtung einer Lok individuell festzulegen; außerdem gab es keine Anschlußprobleme bei Kehrschleifen.

Der Antrieb der Lokomotiven der neuen Spur 1 erfolgte in den ersten Jahren (ab 1969) durch Allstrommotoren mit Wechselstrombetrieb, ab 1982 alternativ mit Gleichstrombetrieb. In den 80er Jahren wurden zunehmend Permanentmagnetmotoren verwendet, die die Allstrommotoren ab 1987 endgültig ablösten.

Die Richtungsänderungen besorgte anfangs ein mechanischer Fahrtrichtungsschalter in der Lok, der mit einem Überstrom(stoß) vom Trafo aus gesteuert wurde. Ab 1980 wurde dieser für den Wechselstrombetrieb durch einen elektronischen Fahrtrichtungsschalter ersetzt; bei Gleichstrombetrieb erfolgte die Umschaltung durch eine Gleichstromplatine mit Dioden. 1987 – parallel zur endgültigen Ablösung der alten Allstrommotoren durch die neuen Permanentmagnetmotoren – erfolgte die Fahrtrichtungsänderung durch eine Elektronik zum wahlweisen Betrieb mit Wechselstrom und Gleichstrom. Der ab 1990 eingeführte Mehrsystembetrieb (Elektronik zum wahlweisen Betrieb mit Digital 1, Wechselstrom und Gleichstrom) wurde bereits 1993 abgeändert und seit 1994 mit dem neuen Märklin Digital (Motorola-Format) ausgestattet.

Das neue Gleissystem – „die neue 1"

Ende der 60er Jahre, als man sich im Hause Märklin für den Neubeginn der Spur 1 entschied, wurde ein Gleissystem entwickelt, das sowohl kinderfreundlich als auch modellbahngerecht sein sollte. Außerdem mußte das neue Gleismaterial freilandtauglich sein, damit es zum Aufbau einer Gartenbahn benutzt werden kann.

1969 stand der Spielbetrieb noch im Vordergrund, weshalb ein Kurvenradius von 600 mm gewählt wurde, der auch einen abwechslungsreichen Aufbau im Kinderzimmer ermöglichen sollte. Mit dem ersten Gleissortiment – einem gebogenen und drei verschieden langen geraden Gleisen, sowie einer rechten und linken Handweiche und einem Prellbock – konnten die verschiedensten Gleisfiguren aufgebaut werden. Die Schwellen aus witterungsbeständigem Kunststoff waren vorbildgerecht detailliert. Die Schienen wurden aus rostgeschütztem Vollprofil (zwei Gleise mit Hohlprofilschienen – 5910 und 5941 – gab es nur bis 1971) hergestellt und mit Stahlblech-Schienenverbindern versehen. Durch Klauenkupplungen an den Gleiskörpern wurden die Gleisverbindungen zusätzlich stabilisiert. Das trittfeste Gleismaterial war so stabil, daß Kinderhände damit umgehen konnten. Zur Abrundung der Spielmöglichkeiten wurden 1977 die ersten Signale ins Programm genommen.

Als 1978 mit der Vorstellung der ersten Schlepptenderlok der BR 38 die Trendwende zur Modellbahn eingeläutet wurde, kamen gleichzeitig Bogengleise mit einem Radius von 1020 mm auf den Markt. Weichen mit elektromagnetischem Antrieb unterstützten die Spielmöglichkeiten größerer Anlagen.

Ab 1987 fiel der 600 mm Radius vorübergehend (bis zur Einführung der MAXI-Bahn 1994) aus dem Programm, dafür gab es aber einen neuen Parallelkreis mit einem Radius von 1176 mm. Der Weichenantrieb wurde komplett überarbeitet und war jetzt ansteckbar.

Die Schienen aus rostgeschütztem Vollprofil wurden ab 1987 zusätzlich brüniert, um ein realistischeres Aussehen zu erreichen. Viele Modellbahner wollten jedoch – wie beim Vorbild – eine blanke Oberseite der Schienen. Deshalb wird seit 1993 zusätzlich wieder die blanke Version angeboten, die vom Modellbahner nach seinen eigenen Vorstellungen farblich behandelt werden kann.

Das Gleismaterial für die „neue 1" mit Schwellen aus witterungsbeständigem Kunststoff und rostgeschütztem Vollprofil. Oben: Weiche und unten gerades Standardgleis.

Lokgeräusche und Pfeifeinrichtungen – „die neue 1"

Mit der BR 55 erschien 1982 erstmals eine reinrassige Güterzuglokomotive für die „neue 1". Im Tender wurde eine Geräuschelektronik untergebracht (mitte links). Deren Pfeifsignal wird durch einen kleinen Schienenmagneten und dem an der Tenderunterseite (Mitte rechts) angebrachten „REED-Kontakt" ausgelöst.

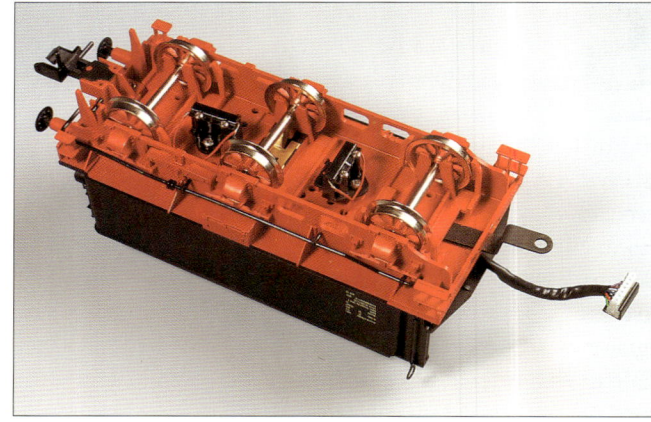

Als 1978 mit der Vorstellung einer Schlepptender-Dampflokomotive der BR 38 (P 8) der Übergang von der reinen Spielbahn zur Modellbahn eingeläutet wurde, dachten sich die Märklin-Techniker etwas Besonderes aus: Bei den Modellen 5747 und 5797 wurde der freie Platz im Tenderinneren für eine Geräuschelektronik und eine Einrichtung zum Pfeifen genutzt. Von der BR 55 (G 8) – der ersten reinen Güterzuglokomotive im Märklin Spur 1 Programm, die 1982 auf den Markt kam – wurden die Versionen 5713 und 5743 ebenfalls mit dieser Ausstattung geliefert. Die Geräuschelektronik sorgt für naturgetreue Auspuffgeräusche. Ein elektronischer Baustein erzeugt die Fahrgeräusche, die über den Lautsprecher im Tender abgegeben werden. Bei jeder halben Radumdrehung wird ein Auspuffschlag ausgestoßen, der so (geschwindigkeitsabhängig) die Fahrgeräusche einer echten Dampflok imitiert. Lautstärke und Klangfärbung lassen sich mit zwei Drehknöpfen (unter dem Kohleeinsatz im Tender) regeln.

Die Pfeifeinrichtung im Tender wird von einem Gleismagnet durch einen „REED-Kontakt" (Schutzgasrohrkontakt „SRK" in einem kleinen schwarzen Kästchen an der Tenderunterseite) ausgelöst. Dieser Gleismagnet liegt jeder entsprechenden Lokpackung bei. Er kann zwischen den Schwellen eines geraden Gleisstückes eingebaut und von außen durch einen Handstellhebel (Ein-/Ausschalten) verschoben werden.

Hat man keine Anlage zur Verfügung, kann man diese Lokomotiven auch als Standmodell auf einem Präsentationsbrett (0666) mit Trafo-Anschluß mit ihren Funktionen vorführen. Bei der aufgebockten Lok drehen sich die Treibräder; die Auspuffgeräusche variieren je nach Geschwindigkeitseinstellung. Die Pfeife wird durch einen verschiebbaren Magneten zwischen den Schwellen mit einem Handstellhebel ausgelöst.

Verwendete Materialien – „die neue 1"

Aus Metall wurde die nur 1989 lieferbare EG 589 der DRG (5516) gefertigt.

Im Rahmen der „Journalistenserie" erschien 1993 dieser Kesselwagen (5436), dessen Aufbau aus Glas war.

Seit dem Ende der 60er Jahre, als Märklins Spur 1 ihre Wiedergeburt erlebte, werden die Rahmen der Lokomotivfahrgestelle aus Metall hergestellt. Kunststoffe waren die bevorzugt verwendeten Materialien für Lokomotivgehäuse und Wagen. Sie konnten in Spritzgußmaschinen so exakt wie kein anderer Werkstoff geformt und verarbeitet werden. Die Detail- und Paßgenauigkeit des Kunststoffs übertraf die der früheren Blech- und Zinkspritzgußproduktion bei weitem.

Die Lokräder waren aus Metall. Haftreifen auf einem Teil der Antriebsräder sorgten für eine Erhöhung der Zugkraft der Lokomotiven. Anfänglich wurden die Wagenräder aus Kunststoff gefertigt, 1985 erfolgte die Umstellung auf Metall. Die ersten Güter- und Personenwagen hatten ein einheitliches Kunststoff-Fahrgestell. Darauf wurden verschiedenfarbige Aufbauten von Personenwagen, offenen und gedeckten Güterwagen, Kesselwagen usw. aus Kunststoff montiert.

Einen Exoten hinsichtlich des verwendeten Materials schuf

Märklin 1981 für die sog. „Journalistenserie": einen Kesselwagen mit einem Tank aus Glas, gefüllt mit Weinbrand. Über eine verschließbare Einfüllöffnung kann man ihn auftanken und durch das Auslaßventil leeren – Prost!

Als 1987 die neuen Schweizer Güterwagen (u.a. Weintransportwagen 5889) auf den Markt kamen, war die Spritzgußtechnik für Kunststoff sehr weit entwickelt. Die Zurüstteile (Leitern, Geländer, Trittbretter) waren so filigran ausgeführt, daß die Gefahr des Abbrechens dieser feinstdetaillierten Teile zu groß wurde. Diese Wagen waren zwar für den Modell-Liebhaber schön anzuschauen, aber für den Anlagenbauer zu empfindlich. Folgerichtig änderte Märklin diese Serie 1990; die Kunststoffzurüstteile wurden minimal dicker, aber gleichzeitig auch transport- und bruchsicherer.

1989 war ein wichtiges Jahr bei den Lokomotivneuheiten: Erstmals wurde die E 91 vorgestellt. Sie beeindruckte durch ihr dreiteiliges Metallgehäuse (verbunden mit Lederfaltenbälgen). Die Köf II – ebenfalls in Metallausführung – kam im selben Jahr auf den Markt. Märklins Neuentwicklung von 1994 – die MAXI – ist wieder ganz aus Blech (mehrfach beschichtet), und durch ihre Robustheit eine ideale Spielbahn für Kinder.

Kupplungen – „die neue 1"

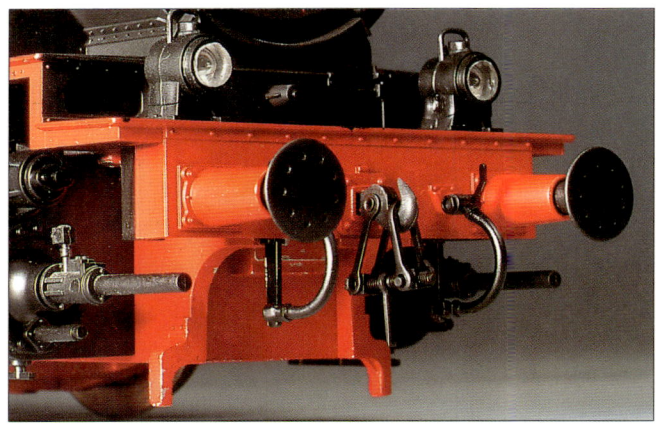

Die erste Kupplung für Märklins neue Spur 1 (gebaut ab 1969) wurde anfangs als „Klauenkupplung" bezeichnet. Dies ist zwar technisch richtig, aber der Begriff „Klauenkupplung" wurde ja bereits bei den alten 00-Fahrzeugen verwendet. Um Verwechslungen zu vermeiden, wurde sie schon sehr bald in „automatische Kupplung" umbenannt.

Während die „automatische Kupplung" kein direktes Vorbild hat und vor allem dem sicheren Spielbetrieb dienen soll, ist die erstmals 1978 vorgestellte „Schraubenkupplung" nicht nur funktionsfähig, sondern auch völlig vorbildgetreu.

Wer beim Spielbetrieb die „automatische Kupplung" vorzieht, hat trotzdem keine Probleme; die „Schraubenkupplung" steckt in einem Kupplungsschacht und läßt sich bei allen Fahrzeugen mühelos durch die „automatische Kupplung" austauschen.

Als Verbindung zwischen dem 1993 erschienenen Rottenkraftwagen und dessen Anhänger dient eine vorbildgerecht ausgeführte Spezialkupplung mit Zugstange.

Kupplungen für die „neue 1": automatische Kupplung (oben rechts), Schraubenkupplung (oben links) und die Sonderkupplung für den Rottenkraftwagen (5739/5740).

Verpackungen – „die neue 1"

Verpackungen dienen dem Schutz des Inhalts. Klar, werden Sie sagen. Aber wußten Sie auch, daß Spielzeugverpackungen ihren eigenen Wert haben?

Auch als reiner Spieler, der kein Interesse am Sammeln hat, sollten Sie bedenken, daß Sie Ihre Modelle vielleicht einmal verkaufen möchten; sei es, um für den Erlös neue Eisenbahnen zu kaufen, oder Sie wollen – doch plötzlich zum Sammler geworden – die gebrauchten und bespielten Modelle gegen neu- oder höherwertige austauschen.

Spätestens beim Verkauf werden Sie feststellen können, daß Ihre Eisenbahn einen höheren Wert hat, wenn Sie für alle Modelle noch den Originalkarton aufgehoben haben.

Märklin verpackt seine Modelle sehr sorgfältig in Pappkartons. In Lokomotiv- und Zugpackungen sorgt ein Styroporbett für zusätzlichen Halt, außerdem sind die Modelle dadurch besser gegen Stoßschäden gesichert. Bei den Wagen, die früher nur in Kartons verpackt waren, dient jetzt eine Klarsichthülle der zusätzlichen Sicherheit.

Transportsicher und ansprechend gestaltet ist die Verpackung für den 1991 erschienenen Güterzug der Königl. Preuss. Staatseisenbahn.

Der Original-Karton sollte stets aufgehoben werden: hier die Verpackung für das „Krokodil" (5558).

Markierung der Produkte – „die neue 1"

Im Gegensatz zu vielen früheren Blecheisenbahnen aus den 30er Jahren werden die Märklin-Bestellnummern heutzutage nicht mehr auf die Lokomotiven und Wagen gedruckt. Dies würde den Gesamteindruck dieser schönen Modelle zu sehr stören. Man beschränkt sich heute bei der neuen Spur 1 auf eine Kennzeichnung mit dem Märklin-Signet auf der Unterseite der Modelle.

Der „MÄRKLIN"-Schriftzug, teilweise mit dem Zusatz „Made in Germany", hat sich in den letzten Jahren zwar etwas geändert, zur Bauzeitbestimmung ist er jedoch nur sehr bedingt verwendbar; hier helfen die einschlägigen Sammlerkataloge mit den genauen Bauzeitangaben weiter.

Auf die Änderung der Kunststoff-Formen während der Produktionszeit einzelner Modelle (nur wegen eines geringfügig geänderten Schriftzuges) wird aus Kostengründen im Kundeninteresse verzichtet. Bei einem neuen Modell wird automatisch das aktuelle Signet eingeprägt.

Markierungen auf Lokomotiven und Wagen aus dem Sortiment „die neue 1". Eine genaue Bauzeitbestimmung ist nur bedingt möglich.

Sammelsystematik – „die neue 1"

Auch hier gilt sinngemäß dasselbe wie bei den alten Tinplate-Eisenbahnen: Man sollte nur das sammeln, was einem gefällt und Freude macht! Ob Sie eine Generalsammlung beginnen, also alles komplett zusammentragen möchten, oder nur einen Teilbereich, hängt ganz von Ihren Interessen und (finanziellen) Möglichkeiten ab. Wir wollen hier nur einige Themen aufzeigen, nach denen man eine Sammlung aufbauen kann:

● Nach Katalogausgaben: Man nimmt sich einen Märklin-Katalog und versucht, alle darin angebotenen Modelle zu bekommen. Diese Art des Sammelns ist vor allem bei denjenigen beliebt, die nicht nur Spur 1, sondern auch Eisenbahnen anderer Spurweiten und andere Märklin-Spielzeuge sammeln möchten.

● Nur Triebfahrzeuge. Manch einer schwärmt von den alten Dampflokomotiven, interessiert sich aber überhaupt nicht für Dieselloks – oder umgekehrt – „Krokodile" in all ihren Varianten, usw. Eine Lok-Parade ist sicherlich beeindruckend und die fein detaillierten Märklin-Modelle tragen zur Begeisterung für dieses Hobby bei.

● Nur Züge: einen schönen Preußen-Zug; Güterzüge mit verschiedenen Güterwagen, spezielle Kesselwagen- oder Containerwagenzüge. In einem Regal mit der passenden Lok davor ist dies immer schön anzuschauen.

● Falls der Platz nicht zu einer Anlage reicht, kann man ein Diorama bauen: Ein Bahnbetriebswerk mit Lokschuppen, Bekohlungsanlage, Wasserturm und Wasserkran ist der ideale Abstellplatz für Dampflokomotiven. Der Adler-Zug wirkt in seiner Umgebung mit all den bunten Figuren, die den Zug bestaunen.

Sie sehen, es gibt viele Möglichkeiten, je nach Geschmack eine Sammlung aufzubauen. Lassen Sie sich nicht beeinflussen und bauen Sie sich eine Sammlung auf, wie sie Ihnen gefällt – dann haben Sie auch langfristig Ihre Freude daran.

Oben: Der Adler-Zug 5750 aus dem Jahr 1985 auf einem zeitgenössischen Diorama.

Links: der Adler-Zug 5751 (1985).

Beschaffungsmöglichkeiten – „die neue 1"

Jährlich findet am letzten Juni-Wochenende in Sinsheim ein großes Spur-1-Treffen statt. Aus diesem Anlaß fertigt Märklin Sondermodelle. Oben: Museumswagen Sinsheim 80014 aus dem Jahr 1994, darunter Museumswagen Sinsheim 85836 aus dem Jahr 1991.

Wo bekommt man Märklins „neue 1"? Natürlich bei Ihrem Modellbahnhändler. Doch was ist mit den Modellen, die schon lange nicht mehr im Märklin-Katalog angeboten werden? Da gibt es verschiedene Möglichkeiten:

Kleinanzeigen in Modelleisenbahnzeitschriften. Sie können diese über den Buchhandel, an Zeitungskiosken und beim Modellbahnhändler bekommen oder abbonnieren. Dort finden Sie eine Menge unterschiedlicher Angebote – oft mit Preisvorstellungen der Verkäufer – auf die Sie reagieren können. Oder Sie inserieren selbst mit einer Suchanzeige in diesen Zeitschriften oder in der Tageszeitung.

Bei Tauschbörsen und Sammlertreffen finden Sie Modelle, die schon lange nicht mehr im Handel erhältlich sind. Hier kann man auch am besten die Preise vergleichen. Diese Märkte gibt es fast jedes Wochenende im näheren oder weiteren Umkreis. Die Termine erfahren Sie aus den einschlägigen Modellbahnzeitschriften oder den Tageszeitungen.

Im Auto & Technik Museum in Sinsheim findet einmal im Jahr (letztes Wochenende im Juni – bitte dort oder bei Märklin den genauen Termin erfragen) ein großes Spur-1-Treffen statt. Das Angebot an Eisenbahnen und Zubehör, Sondermodellen und Sammlerstücken ist sehr groß. Und letztendlich kann man auf einer riesigen Teststrecke seine eigenen Modelle fahren lassen.

In letzter Zeit findet man die „neue 1" immer öfter bei Spielzeugauktionen. Fragen Sie den Auktionator, ob er solche Modelle in seiner nächsten Versteigerung zum Ausruf bringt und lassen Sie sich den Auktionskatalog zuschicken. Gehen Sie zur Besichtigung und – wenn Sie den Auktionator nicht kennen – frühzeitig zur Versteigerung. Achten Sie bei den Bietgefechten auf „schriftliche Vorgebote", die dem Auktionator vorliegen. An deren Behandlung können Sie die Seriösität eines Versteigerers abschätzen. Das ist wichtig, wenn Sie selbst einmal nicht zur Versteigerung kommen können, aber durch ein schriftliches Vorgebot auf einen bestimmten Artikel mitbieten möchten. Ein seriöser Auktionator wird Ihr Gebot in Ihrem Interesse wahren und Ihnen (falls keine anderen Gebote vorliegen) das Modell auch unter Ihrem Höchstgebot zuschlagen.

Wertanlage – „die neue 1"

Die Preisentwicklung für Märklin's „neue 1" ist in den letzten Jahren recht unterschiedlich verlaufen. Der eindeutige Trend zu neuwertiger Qualität im Originalkarton ist ungebrochen und dürfte der sicherste Weg zu einer langfristigen Wertsteigerung bei diesem Sammelgebiet sein. Doch welche Modelle werden im Wert steigen und welche nicht? Man darf ja nicht vergessen, daß die meisten Modelle in so großen Stückzahlen gefertigt wurden, daß kaum ein Wertzuwachs erwartet werden kann. Vor einem eventuellen langfristigen, finanziellen Gewinn sollte deshalb stets die Freude an diesem Sammelgebiet deutlich im Vordergrund stehen. Wer setzt den Wert einer Eisenbahn fest? Sicherlich nicht die einschlägigen Sammlerkataloge, denn sie können nur einen DM-Betrag aufzeigen, der im Jahr vorher für die einzelnen Modelle am Sammlermarkt bezahlt wurde. Aber sie zeigen natürlich gleichzeitig in jeder Neuauflage die Veränderungen am Markt an. Die Kosten für so einen Sammlerkatalog sind natürlich sehr gering im Verhältnis zu den Informationen, die man dadurch erhält.

„Einen sehr großen Einfluß auf einen künftigen Wertzuwachs haben die Stückzahlen der einzelnen Modelle." Diese Behauptung ist im Grunde zwar richtig, doch es gibt auch Ausnahmen: So hatten beispielsweise die Krokodile 5757 (braun) und 5758 (grün) von 1984 jeweils eine Auflage von 3.300 Stück, das braune Krokodil liegt im Wert aber nach wie vor höher. Hierbei wird deutlich, daß nicht nur die Stückzahlen, sondern auch der individuelle Geschmack der Sammler einen entscheidenden Einfluß auf den Wert der einzelnen Modelle hat. Märklins neue große Spielbahn aus Blech – die MAXI-Bahn – hat schon eine Menge begeisterter Interessenten gefunden. Der verhältnismäßig niedrige Einstiegspreis dieser seit 1994 angebotenen Eisenbahn und das attraktive Aussehen der Modelle kommen gut bei den Kunden an. Das Startset „Safari" deutet beispielsweise aufgrund seiner hohen Stückzahl (wie alle anderen Anfangspackungen) nicht gerade auf eine Wertsteigerung hin. Aber es wird damit ja gespielt, d.h. viele Züge werden im Laufe der Jahre durch Kinderhände „abgeliebt" werden. Vielleicht ist in 20 Jahren eine vollständige, sehr gut erhaltene „Safari"-Zugpackung schwer zu finden?

Die Beobachtung des Marktes ist unumgänglich, wenn man Spielzeug als Wertanlage sieht. Die Verbindung von Auflagenhöhe, Zustand und individuellem Sammlergeschmack sind die Kriterien, die den Wert der einzelnen Modelle beeinflussen.

Der Weltwirtschaftsgipfelzug von 1992 mit den Unterschriften der damaligen G7 Staats- und Regierungschefs.

Lokomotiven – „die neue 1"

Dampflokomotive G8 der KPEV (5508), gebaut in den Jahren 1991 und 1992.

Dampflokomotive P8 der KPEV (5796), gebaut in den Jahren 1993 und 1994.

Dampflokomotive T18 der K.W.St.E. (5524), eine aktuelle Märklin-Neuheit für das Jahr 1995.

Lokomotiven – „die neue 1"

Die BR E 91 (5517) der DB gab es in zwei Beschriftungsvarianten: Als E 91 03 wurde sie 1990 und 1991 gebaut, als E 91 15 dann 1992.

Mitte: „Krokodil" Ce 6/8 (5757) von 1984.

Unten: „Krokodil" Be 6/8^{II} (5758) von 1984.

Lokomotiven – „die neue 1"

Oben: Kleindiesellok BR 323 der DB (5574), gebaut von 1989 bis 1993.

Mitte: Diesellok BR 212 der DB (5772), gebaut von 1881 bis 1986.

Unten: Diesellok BR 218 der DB (5571). Diese Lokomotive wird ab 1994 gefertigt.

Zugpackungen – „die neue 1"

Der Zug der Ludwigs-Eisenbahn von 1835 (5750). Diese Zugpackung wurde nur im Jubiläumsjahr 1985 gefertigt.

Mitte: Der Preußenzug (5502), der nur 1987 gefertigt wurde, besteht aus einer T18 und drei Abteilwagen.

Unten: Der Güterzug der Königl. Preuss. Staatsbahn (5501), nur 1991 gebaut, besteht aus der T 3 und zwei Güterwagen.

Personenwagen – „die neue 1"

Personenwagen (5802), gebaut zwischen 1987 und 1988.

Personenwagen der ehem. K.Wtbg.St.E. (5821), gefertigt von 1989 bis 1993.

Jahreswagen 1988 für das Märklin-Museum (85802).

Personenwagen – „die neue 1"

Oben: Abteilwagen C3 der KPEV (5814), von Märklin gebaut in den Jahren 1987 und 1988.

Mitte: Abteilwagen D3 der KPEV (5815), gefertigt ebenfalls zwischen 1987 und 1988.

Unten: Gepäckwagen Pw3 pr 02 der DB (5816), gebaut von 1989 bis 1992.

Güterwagen – „die neue 1"

Gedeckter Güterwagen (5834) im Märklin-Sortiment von 1989 bis 1992.

Gedeckter Güterwagen (5431). Dieses Modell wurde ausschließlich 1994 aufgelegt.

Diesen Kesselwagen (5433) gab es nur im Jahr 1993.

Güterwagen – „die neue 1"

Oben: Der Teleskophaubenwagen (85878) wurde nur im Jahr 1989 angeboten.

Mitte: Von 1980 bis 1988 wurde der Drehschemelwagen (5871) von Märklin gebaut.

Unten: Schwertransportwagen (5418) aus dem Jahr 1994.

Güterwagen – „die neue 1"

Containerwagen, aufgelegt anläßlich der Ausstellung „Züge, Züge – die Eisenbahn in der zeitgenössischen Kunst" (31974) aus dem Jahr 1994.

Der Museumswagen Sinsheim (80013) für das Jahr 1993.

Unten: Anläßlich des Post-Jubiläums 1990 fertigte Märklin diesen Wagen (5842).

Güterwagen – „die neue 1"

Museumswagen (85842) für 1994.

Museumswagen (85830) für 1993.

1995 wurde erstmals ein Museums-Wagen-set (85895) aufgelegt.

83

Zubehör – „die neue 1"

Zubehör – „die neue 1"

Reichhaltig ist das für „die neue 1" produzierte Zubehör. Für eine realistische und dennoch voll spieltaugliche Ausstattung der Anlage gibt es einen Wasserturm, ein Reiterstellwerk, einen Lokomotivschuppen, eine Dieseltankstelle, eine Bekohlungsanlage, sowie zwei Bahnhöfe. Diese Artikel werden alle in Bausatzform an den Handel ausgeliefert. Ferner ist auch ein hübsches Figurenset im Angebot.

Die klassische Spurweite: Märklin 00/H0

Oben: Lithographierter Liliputwagen der Märklin 00-Bahn von 1912.

Unten: Erfolgsmodell FM 800/3003 von 1956, das noch heute produziert wird.

Das Bemühen der Modelleisenbahnhersteller, die Verkaufszahlen zu steigern, ließ sich nur durch eine Senkung der Preise erreichen. Dies setzte voraus, daß man die Herstellung deutlich verbilligte. Vereinfachung der Modelle und rationellere Herstellungsverfahren, sowie die Verkleinerung des Maßstabs führten zum Ziel.

So brachte Märklin bereits 1912 ein „Liliput-Eisenbahn" (Spur 00) genanntes System auf den Markt, das eine Spurweite von 23 mm hatte und nur ein Drittel der damals weit verbreiteten Spur-1-Eisenbahn kostete. Es gab jedoch keine Weichen und das Sortiment war auch zu schmal. Deshalb verschwand es 1932 aus dem Angebot. Märklin ging 1935 noch einen Schritt weiter in der Miniaturisierung und halbierte die Spurweite 0 auf 16,5 mm = Spurweite 00. Diese später H0 = halb Null (sprich Ha-Null) genannte Spurweite ist heute die am weitesten verbreitete. Der schnelle Erfolg der Märklin 00/H0 wurde durch ein rasch wachsendes Sortiment und einen günstigen Preis sichergestellt. Die Modelle waren anfangs Verkleinerungen bewährter Spur 0-Artikel.

1938 führte Märklin die „Perfekt-Schaltung" ein, die mit Hilfe eines Überstromimpulses die ferngesteuerte Fahrtrichtungsumschaltung bewirkte. Diese Technik wird auch heute noch genutzt. Bis 1939 war das Programm im Grunde vollständig, denn es gab eine funktionsfähige Oberleitung, zwei Drehscheiben, Entkupplungsgleis und mehr.

Der letzte Vorkriegskatalog für die Märklin-Kundschaft erschien 1940. In den folgenden Jahren wurden zwangsweise verschiedenste „kriegswichtige" Erzeugnisse hergestellt und die Spielwarenproduktion kam zum Erliegen. Nach Kriegsende bis 1947 war die wieder anlaufende Spielzeugfertigung ausschließlich für den Verkauf an die Besatzungsmächte bestimmt. Der erste Nachkriegskatalog vom Dezember 1947 konnte nur in kleiner Stückzahl für den Handel gedruckt werden. Man entwickelte Triebfahrzeuge und Wagen neu und konnte bereits 1947 ein „Supermodell" genanntes Fahrzeugprogramm auf die Gleise stellen, das weltweit Maßstäbe setzte. Die Lokomotiven und Triebwagen waren aus Zinkdruckguß gefertigt und die Güterwagen hatten Aufbauten aus einer Magnesiumlegierung.

1951 gab es die ersten Güterwagen mit einem Aufbau aus „Thermoplastik". Bei den Triebfahrzeugen begann die Kunstoffzeit 1953: Die Standard-Tenderlok CM 800 (3000), die mit unwesentlichen Änderungen noch heute gebaut wird, und die kleine E-Lok CE 800 (3001), auch heute noch eine hübsche Spielzeuglokomotive, wurden präsentiert. Wo findet man sonst Produkte in der Industriewelt mit einem so langen Leben? Die Einführung von Kunststoffaufbauten bedeutete für Märklin jedoch nicht die Abkehr von der Druckgußtechnik bei der Lokentwicklung. Hochwertige Triebfahrzeuge werden nach Möglichkeit auch heute noch mit Gußgehäuse gefertigt. Viele richtungsweisende Entwicklungen festigten die führende Stellung Märklins auf dem Modelleisenbahnmarkt. Der Schienenbus (3016/4016), 1955 präsentiert, konnte sich bis heute im Märklin-Hobby-Programm behaupten.

Mit der Einführung des Digital-Systems (1985) brachte Märklin die Modellbahnwelt wieder einen entscheidenden Schritt nach vorn.

Das Nummernsystem der Märklin Spurweite 00/H0

Die ersten Märklin 00-Triebfahrzeuge trugen ab 1935 die Bezeichnung 700. Sie fuhren mit Gleichstrom, waren mit einem Handschalter (H 498) für den Fahrtrichtungswechsel versehen und konnten mittels Fernumschalter U 498 (umsteckbar) für Fernumschaltung umgerüstet werden. Ab 1938 verwendete man für die Triebfahrzeuge der Serie 800 Wechselstrom. Die Maschinen waren mit Fernumschaltung versehen und hatten einen zusätzlichen Handschalthebel. Zwei Lokomotiven, die Dampflok T 790 und die E-Lok RS 790, wurden ausschließlich mit Handschaltung geliefert. Ihre Bauzeit lag zwischen 1948 und 1950. Als einzige Märklin H0-Lok mit Uhrwerkmotor wurde die Stromlinienlokomotive S 870 gefertigt.

1957 erfolgte bei Märklin die Umstellung der Numerierung von Buchstaben-Ziffern-Kombinationen auf vierstellige Ziffern. Aus CM 800 wurde z.B. 3000. Fahrzeuge mit Umschaltelektronik bekamen ab 1982 als zweite Ziffer eine 3. Die Elektronikausführung der E-Lok 3022 hieß dann 3322. Seit 1992 wird auch als zweite Ziffer eine 4 verwendet, z.B. 3419.

Modelle mit Fünf-Sterne-Technik wurden erstmals 1988 ausgeliefert. Sie werden durch die zweite Ziffer mit 5 gekennzeichnet, so daß aus der Elektronikausführung der BR 18 der DR 3318 eine 3518 wird. Digital-System Modelle erhalten als zweite Ziffer eine 6, wie die Diesellok 3672 (mit Normalsteuerung 3072). Lokomotiven mit Transparentgehäuse bekamen statt dessen eine 7, neue Bezeichnung also 3772. Ab 1992 wird die 7 für Modelle mit Digital-Hochleistungsantrieb verwendet. Teilesätze von HAMO-Lokomotiven (Zweischienen-Gleichstrom) wurden durch eine 8 ge-

Oben: Alpha-Lok 2510, die schnellste Lokomotive im Märklin-Programm. Unten: das Primex-Modell „Zugspitzbahn" (1990) mit Feinblechaufbau.

kennzeichnet. Aus 3047 wurde dann 3847, während die Wechselstrom-Teilesätze eine 9 bekamen = 3947.

HAMO-Triebfahrzeuge erhielten vorn eine 83, so daß aus der Nummer 3047 die 8347 wurde. HAMO-Digital-Lokomotiven erhalten jetzt eine 8. Aus der 3682 wird eine 3882.

ALPHA: Seit 1988 gibt es die ALPHA-Abenteuerbahn für Kinder, die einige innovative Ideen brachte.
ANTEX: In den Niederlanden wurden 1964 bis 1968 unter dem Markennamen „ANTEX" Zugpackungen verkauft. Sie enthielten neben einer Märklin-Lok 3029 (zweiachsig) auch zwei Blech-Rungenwagen, die nur hier auftauchten.
PRIMEX: Von 1969 bis 1992 gab es die Zweitmarke PRIMEX für den Nichtfachhandel. Die Modelle entstammten der Märklin-Produktion und waren oft abgewandelt oder vereinfacht.

MINEX: 1970 bis 1972 wurde die Märklin-MINEX-Bahn (Maßstab 1:45) angeboten. Das Programm umfaßte 2 Lokomotiven und 8 Wagen nach Schmalspurart. Die Fahrzeuge liefen auf den H0-Gleisen.
HAMO: Mit „HAMO-Märklin-Modelle" werden heute die Gleichstromversionen der Märklin-Wechselstrom-Modelle bezeichnet. Das war nicht immer so. 1952 startete die Firma HAMO mit H0-Straßenbahnen und fertigte später zwei Diesellokomotiven. 1963 übernahm Märklin die Firmenanteile und brachte 1964 sein Modell Nr. 3011 (E 44) und ab 1965 die Lokomotiven 3023, 3024, 3052 und 3063 als „Liebhaber-Modelle" heraus (alle in Wechselstrom-Ausführung).
HOBBY: Seit 1991 ist HOBBY das Einstiegssortiment mit altbewährten Modellen, die überwiegend mit einfacher Technik arbeiten. Es ist im unteren Preissegment angesiedelt und macht den Anfang leicht.

Verwendete Materialien

Oben: interkristalline Korrosion beim Zinkdruckguß-Aufbau eines Triebwagens ST 800 von 1949. Die Lackierung konnte langfristig nicht vor Feuchtigkeit schützen.

Das Fahrgestell dieses Güterwagens Nr. 323 von 1947 zeigt die Auswirkungen der interkristallinen Korrosion. Der braune Aufbau ist dagegen einwandfrei.

Hier zeigt sich die extreme Korrosion der Magnesiumlegierung bei einem Wagen 312 von 1948. Unten: Kontaktkorrosion beim Wagen 315 von 1952. Das Bremserhaus aus Magnesium-Druckguß hat Kontakt mit dem Eisendraht, weil in der Bohrung der Lack fehlt.

Zink-Druckguß

Bis auf wenige Ausnahmen waren die Fahrgestelle der Triebfahrzeuge aus Druckguß gefertigt. Die ersten 00-Lokomotiven hatten, in Anlehnung an die Spur 0-Modelle, einen Blechaufbau. Er war bei der E-Lok RS 700 und beim Triebwagen TWE 700 lithographiert. Die Dampflok R 700 hatte dagegen handgemalte Kesselringe und Fensterrahmen. 1936 produzierte man erstmals für die Stromlinien-Dampflok SLR 700 einen Aufbau aus Druckguß. Die nachfolgenden Triebfahrzeug-Neuentwicklungen bis 1953 erhielten stets einen Druckgußaufbau. Lokomotiven aus dieser Zeit können Probleme bereiten. Der Druckguß bestand aus einer Zinklegierung und diese hatte manchmal nicht die notwendige Reinheit. Dies führte zur „interkristallinen Korrosion", was nichts anderes bedeutet, als daß ein Gußstück spröde wurde und Risse entstanden. Das Modell konnte regelrecht zerspringen. Da aber nicht alle Modelle dieser Zeit solche Schäden aufweisen, wird klar, daß es Chargen gab, die sauber genug waren, um die Jahrzehnte zu überstehen. Heute ist man in der Lage, Legierungen von großer Reinheit herzustellen. Interkristalline Korrosion ist nicht zu befürchten. Auch schließt die Reinheit heutiger Legierungen eine Alterung aus.

Magnesium-Druckguß

1946 konstruierte man bei Märklin eine Serie von Modellgüterwagen aus Druckguß, die in Detaillierung und Vorbildtreue allen damaligen Modellen weit überlegen war. Die Wagenaufbauten wurden zur Gewichtseinsparung aus einer Magnesiumlegierung gefertigt. Leider waren die Legierungen damals nicht in der heute üblichen, hochreinen Zusammensetzung herstellbar. Dies konnte später, mit fertigungsbedingten Verunreinigungen, zur Korrosion an den Modellen führen. Bei feuchten Luftverhältnissen, insbesondere bei salzhaltiger Seeluft, trat die Korrosion sehr schnell auf. Märklin beendete die Magnesiumverarbeitung mit Auslaufen der Super-Modell-Güterwagen-Serie im Jahr 1955. Ebenso wie es Modelle der Vorkriegszeit gibt, die ohne Schäden sind, findet man auch Modelle der Nachkriegszeit aus Magnesiumguß, die einwandfrei sind.

Verwendete Materialien

Feinblech

Rost ist ein allseits bekanntes Korrosionsprodukt und man findet ihn gelegentlich an Wagenachsen. Ältere Wagenaufbauten, die aus lithographiertem Blech gefertigt sind, können an Unterrostung des Farbauftrags leiden. Besonders bei den „Schürzenwagen" (346/1 bis 346/6), von 1951 bis 1957 gebaut, zeigt sich manchmal ein feines Geäder, das auf fehlerhaft vorbehandeltes Feinblech schließen läßt.

Oben: „Schürzenwagen" 346/2 (4008) von 1954. Die Unterrostung ist typisch für Blechwagen aus den fünfziger Jahren. Glücklicherweise sind nicht alle Modelle aus dieser Zeit schadhaft.

Mitte: Hier hat sich der Kunststoffaufbau des Wagens 4602 aus dem Jahr 1957 verformt, vermutlich als Folge der Alterung. Unten: In früherer Zeit fand sich nicht die Betriebs-Nr. des Vorbilds, sondern die Artikel-Nr. Märklins auf dem Modell. Hier eine E-Lok RE 800 aus dem Jahr 1952.

Kunststoff

Kunststoff hat den Ruf des Unverwüstlichen. Abgesehen davon, daß ein Kunststoffmodell natürlich zerstört ist, sollte man versehentlich darauf treten, vermutet man ewige Haltbarkeit. Die Wahrheit aber ist: Kunststoff altert. Der Weichmacher verflüchtigt sich langfristig und führt zu einer Versprödung und Schrumpfung des Modells. Auch die Farbe des Kunststoffs verändert sich: sie verblaßt. Nun gibt es aber eine große Zahl verschiedenster Kunststoffe, die sehr unterschiedliche Qualitäten besitzen. Der Thermoplast von 1951 ist mit den heute verwendeten Materialien nicht zu vergleichen. Es gibt heute billige Kunststoffe und teure, hochwertige Sorten. Die Alterungsbeständigkeit heutiger, hochwertiger Kunststoffmodelle hat sich gegenüber früheren deutlich verbessert. Ursache der Verkrümmung eines Kunststoff-Wagenaufbaus kann allerdings auch das Metallfahrgestell sein, das natürlich ein anderes Dehnungsverhalten besitzt.

Beschriftung

Die Lackierung und Bedruckung ist für ein modernes Modell von größter Bedeutung. Modellbahner haben sich inzwischen daran gewöhnt, auch noch die kleinsten Wagenaufschriften mit der Lupe zu lesen. Am Anfang waren Aufschriften oft gestempelt und mit Klarlacküberzug haltbar gemacht. Später wurden Aufschriften bei Lokomotiven im Relief erhaben ange-

legt. Dann folgte der Siebdruck, der durch seine Netzstruktur erkennbar ist, und heute arbeitet man mit einem Tampon-Verfahren, das eine paßgenaue, mehrfarbige Bedruckung, auch unebener Flächen, ermöglicht.

Antriebsarten und Schaltungen

Wenn ein Modellbahnsammler heute eine fünfzig Jahre alte Märklin-Lokomotive zum Fahren bringen will, hat er damit wenig Probleme. Meist fährt sie gleich los, sobald der Transformator Strom abgibt. Hat sie vielleicht ein von Öl und Schmutz festsitzendes Getriebe, so genügt es, die Räder ein wenig zu drehen. Gibt man noch Kontaktspray auf die Bürsten und Schleifer, ein paar Tropfen Öl auf die Lager, so läuft die Lok wieder wie am ersten Tag. Motor, Getriebe und Umschalter sind nahezu unverwüstlich. Wenn das Fahrgestell Zinkschäden hat, können sich allerdings Probleme mit dem Getriebe ergeben. Die Ursache für die Haltbarkeit des Antriebs liegt in der Märklin-Philosophie „Vom Guten das Beste" begründet. Daß man diesem Ziel treu geblieben ist, zeigt sich auch im aktuellen Sortiment. Damals wie heute waren Märklin-Erzeugnisse meist ein wenig teurer als vergleichbare Konkurrenzprodukte. Sie waren aber auch meist ein wenig besser. Viele Anbieter sind längst vom Markt verschwunden, und ihre Modelle konnten die Anforderungen spielender Kinder nicht überstehen.

Die große Zahl funktionierender alter Märklin-Modelle beweist dagegen, daß die Entscheidung für eine hochwertige Technik richtig war. Analog zur Spurweite 0 startete Märklin 1935 die neue Spur 00 mit der damals modernen Gleichstromtechnik (700er System). Der Motor wurde mit Gleichstrom angetrieben und die Fahrtrichtungs-Umschaltung mit einem Polwender vorgenommen, der zwischen Transformator und Gleis geschaltet wurde. Leider stellte sich später heraus, daß die Gleichrichter (Selenzellen) in der Lokomotive und im Polwender nicht sehr kurzschluß- und überhitzungsfest waren, so daß 700er Triebfahrzeuge der Spur 00 nur von 1935 bis 1939 produziert wurden. 1938 präsentierte Märklin die „Perfekt-Schaltung 800". Zum Fahren und Schalten wurde Wechselstrom verwendet. Die Umschaltung der Fahrtrichtung erfolgte durch eine erhöhte Schaltspannung. Dieses Prinzip wurde bis heute beibehalten.

1958 stattete Märklin die Lokomotiven BR 01 (3026) und BR 44 (3027) mit der TELEX-Kupplung aus, die ein ferngesteuertes Entkuppeln ermöglichte. 1978 bis 1983 bot Märklin das Elektronik-Fahrgerät 6699 für langsames Fahren an. 1982 kamen die ersten Lokomotiven mit Umschaltelektronik. Die 33er Loks können ohne Lichtreaktion oder Sprung umgeschaltet werden.

1983 bis 1986 war das Elektronik-Fahrgerät 6600 im Programm. Es ermöglichte einstellbare Anfangsbeschleunigung und Bremsverzögerung, lastunabhängige Geschwindigkeiten und Aufenthalt.

1985 kam die Digitaltechnik hinzu. Die individuelle Zugriffmöglichkeit auf die Triebfahrzeuge, ohne Einschränkung durch Stromkreise und Blockabschnitte, ist ein in Erfüllung gegangener Traum der Modelleisenbahner. Dieser Systemfortschritt ist nur zu vergleichen mit dem Sprung vom Uhrwerkantrieb zur elektrischen Fernsteuerung.

1988 zeigte Märklin mit der Fünf-Sterne-Technik aufs Neue, was die Elektronik im Dienste der Modellbahn leisten kann. Bei den 35er Loks kann die Höchstgeschwindigkeit und die Beschleunigung eingestellt werden, im Lastausgleich wird die Geschwindigkeit nachgeregelt und ein Schleuderschutz verhindert das Durchdrehen der Räder. Seit 1992 kann man die Eigenschaften der Fünf-Sterne-Technik mit dem Digital-System kombinieren.

Fahrwerk einer Dampflok SLR 700 von 1936 mit eingesetztem Handumschalter.

Dieser Walzenumschalter wurde von 1949 bis ca. 1955 verwendet.

Antriebsarten und Schaltungen

Groß dimensionierter Motor der Lokomotive DL 800 von 1955. Er trieb über Kardanwellen und Schneckengetriebe alle drei Drehgestelle an.

Die Kraftübertragung erfolgt bei Märklin-Lokomotiven meist über ein Stirnradgetriebe, wie man hier beim Schnittmodell der HR 800 N gut sehen kann.

Unten: Elektromagnet der Vorkriegszeit und zwei heutige Exemplare.

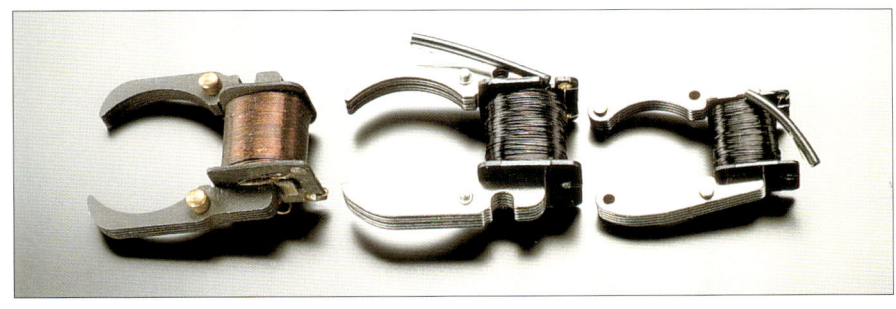

Das Mittelleiter-Wechselstromsystem, wie es Märklin verwendet, hat Vorteile beim Anlagenbau, denn immer ist der Mittelleiter der Pluspol und die beiden Fahrschienen sind Minuspole. Ein kleines Stück Papier zwischen den Kontaktzungen der Mittelschiene genügt, und schon sind die Stromkreise getrennt. Beim Zweileitersystem wird bei einer Kehrschleife der Pluspol zum Minuspol, was Kurzschluß bedeutet. Nun kann man natürlich auch das Mittelleitersystem mit Gleichstrom betreiben. Der Gleichstrom bewirkt jedoch, durch den gleichmäßigen Stromfluß in einer Richtung, die anodische Abtragung (eine Partikelabtragung) zwischen Rad und Schiene. Sie ist deutlich stärker als beim Wechselstrom. Auch die Spurkränze verschleißen eher. Während die Wechselstromschiene ziemlich schmutzunempfindlich ist, gibt es bei der Gleichstromschiene eine starke Verschmutzung. Dies bedeutet Kontaktprobleme, und die machen sich bekanntlich besonders stark bei der so sehr gewünschten Langsamfahrt bemerkbar. Auch der korrekten Datenübertragung des Digitalsystems sind Kontaktprobleme nicht förderlich. Beim Märklin-Dreileitersystem kann dagegen der Schleifer auf dem Mittelleiter den Schmutz selbst wegschleifen. Und weil im Gegensatz zum Zweileitersystem beide Fahrschienen zur Stromrückführung genutzt werden, kann die doppelte Anzahl der Räder den Strom an die Fahrschienen leiten. Dies zeigt, warum das Märklin-Dreileiter-System praktisch keine Kontaktprobleme kennt.

Bei einem Motor mit Permanentmagnet, wie er bei Gleichstrommodellbahnen verwendet wird, wirkt das Permanentfeld als Bremse des Rotors, sobald der Stromfluß aufhört. Deshalb halten Gleichstromloks ziemlich abrupt an und haben wenig Auslauf. Man versucht, diese unschöne Fahreigenschaft dadurch zu verbessern, daß man eine Schwungmasse einbaut. Bei einem Allstrom-Motor, wie Märklin ihn in der Regel verwendet, wirkt der Rotor dagegen als Schwungmasse. Eine Bremswirkung durch das Feld gibt es nicht, weil es sich um einen elektromagnetisch erregten Motor handelt, dessen Magnetismus nur wirkt, solange der Strom fließt.

Antriebsarten und Schaltungen

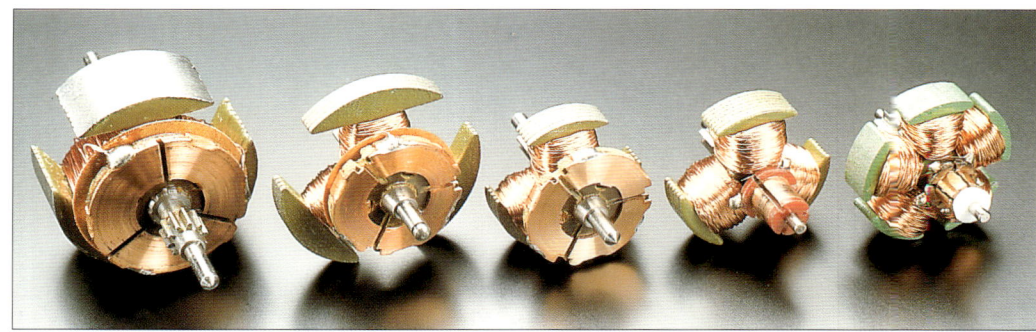

Oben: von rechts: fünfpoliger und dreipoliger Standard-Anker mit Trommelkollektor. Kleiner und großer Standardanker, großer abgedrehter Spezialanker für Lok 3015, jeweils dreipolig mit Scheibenkollektor.

Beim Schneckengetriebe der RE 800 von 1952 wird die präzise Feinmechanik sichtbar, die das Märklin-Qualitätsimage prägte.

Obere Reihe: Motorschilder aus Druckguß/Pertinax, links Vorkrieg, rechts Nachkrieg. Daneben verschiedene Bürsten und Kohlen. Unt. Reihe: Motorschilder aus Kunststoff, links für Scheibenkollektor, rechts für Trommelkollektor.

Nach Entfernung eines Teils des Getriebegehäuses sieht man die Kunststoffzahnräder des Kegelradgetriebes der Dampflok 3511.

Der Märklin-Standardmotor für die Spur H0 aus den fünfziger Jahren ist ein Hauptschlußmotor, in dem Anker und Feldmagnet hintereinandergeschaltet sind. Diese Motorart kann sowohl mit Wechselstrom als auch mit Gleichstrom betrieben werden. Neben dem Standardmotor werden Spezialentwicklungen eingesetzt, wenn beispielsweise ungewöhnlich wenig Platz zur Verfügung steht. Bei der Micheline (3124), bei der Köf (3680) oder beim Glaskasten (3387) wurde ein Miniaturhochleistungsmotor verwendet, der mit Gleichstrom betrieben wird. Der Wechselstrom wird in einem solchen Fall in der Lok gleichgerichtet.

Bei der Württembergischen Dampflokomotive Klasse C (3511) wurde ein besonders aufwendiger Spezialantrieb verwendet, um zu zeigen, was möglich ist, wenn man die Kosten außer acht lassen kann. Es wurde ein siebenpoliger Glokkenankermotor (System Faulhaber) mit Silberkollektor und Platinbürsten eingebaut. Das Ergebnis ist, zusammen mit dem präzisen Getriebe, eine vollkommene Geschmeidigkeit und eine extrem langsame Anfahrt. Beim ICE (3371) ging man noch einen Schritt weiter und verwendete zwei siebenpolige Glokkenankermotore. Dies hat zur Folge, daß der Triebwagenzug eine enorme, dem Vorbild entsprechende Beschleunigung und Höchstgeschwindigkeit entwickelt.

Antriebsarten und Schaltungen

Kupplungen, Schleifer und Stromabnehmer

In den Jahren 1935 bis 1940 waren die Fahrzeuge der Märklin Spur 00 mit Klauenkupplungen ausgerüstet, die mehrfach modifiziert wurden. 1939 erschienen die ersten Modelle mit der neuen Bü-

Links: Klauenkupplung mit einer beweglichen Klaue, 1935–1937.
Rechts: Klauenkupplung mit zwei beweglichen Klauen, 1938–1940.

Löffelschleifer bei einem Güterwagen 381 S von 1939.

Links: kleine schwarze Bügelkupplung, seit 1950.
Rechts: breite Vorentkupplung, nur 1956.

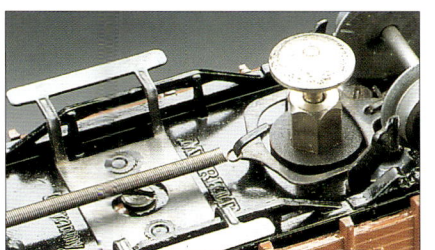

Pilzschleifer bei einem Güterwagen 320 S von 1950.

Links: Relex-Kupplung, seit 1957.
Rechts: Kurzkupplung, seit 1986

Doppel-Bogenschleifer bei der Tenderlok TM 800 von 1949.

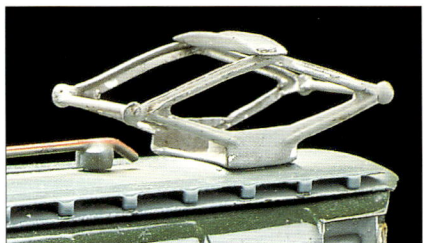
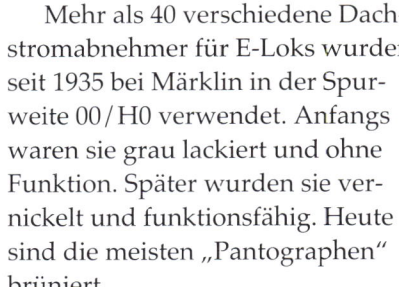

Links: Stromabnehmer ohne Funktion bei der Lokomotive RS 700 von 1937.
Rechts: Stromabnehmer der fünfziger Jahre bei der Doppellok DL 800 (3010).

gelkupplung. Bis heute wurde das Prinzip beibehalten, jedoch immer wieder verbessert. 1986 kam die Kurzkupplung mit Kulissenführung die auch mit den alten Bügelkupplungen zusammenpaßt. Über die abgebildeten Kupplungen hinaus gibt es noch weitere Versionen.

Der für Märklin-Lokomotiven so charakteristische Skischleifer wurde im Jahre 1951 eingeführt. Vorher gab es Löffelschleifer, Zungenschleifer, Pilzschleifer und Bogenschleifer. Natürlich wurde auch der Skischleifer im Laufe der Zeit ständig modifiziert.

Mehr als 40 verschiedene Dachstromabnehmer für E-Loks wurden seit 1935 bei Märklin in der Spurweite 00/H0 verwendet. Anfangs waren sie grau lackiert und ohne Funktion. Später wurden sie vernickelt und funktionsfähig. Heute sind die meisten „Pantographen" brüniert.

Das Gleissystem

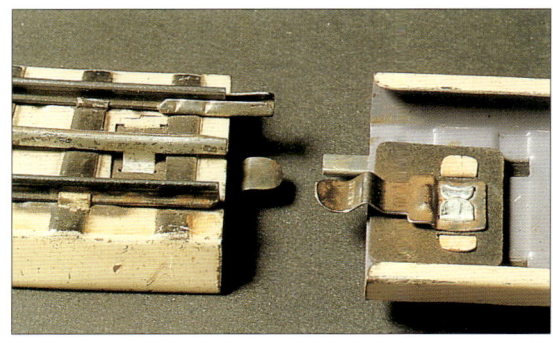

Links: erstes Märklin-Böschungsgleis 3600 mit schmalem Mittelleiter von 1935. Rechts: 1945 wurde ein spritzlackiertes Gleis hergestellt. Die Unterseitenfarbe Violett wurde verwendet, weil kein anderer Lack verfügbar war.

Obwohl das von Märklin 1935 vorgestellte Gleissystem mit lithographiertem und geprägtem Schienenbett (Böschungsgleis), von einigen Modifizierungen abgesehen, bis heute, also 60 Jahre, gebaut wird, und sicher noch einige Jahre länger, so ist doch Märklin weder der Erfinder noch der einzige Hersteller dieses Modellbahn-Gleistyps.

Dennoch, eben weil Märklin dem Blech-Böschungsgleis so lange treu geblieben ist, verbindet man die Märklin Spur 00/H0-Eisenbahn sofort mit diesem Gleissystem; es ist märklintypisch geworden. Die Gleisgeometrie von damals wurde übrigens bis heute beibehalten. Das 1935 präsentierte Gleissystem 3600 basierte auf einem Kreis von 12 Gleisen mit einem Durchmesser von 72 cm, von Gleismitte zu Gleismitte gemessen. Weichen und Kreuzung hatten einen Winkel von 30°. Neben den Weichen für Handschaltung gab es auch elektromechanischen Betrieb. 1935 hatten die Märklin-00-Gleise ein braun-beige lithographiertes Gleisbett mit Schottermelierung. Man erkennt die Vorkriegsgleise an dem Schwellenabstand von 7 mm. Bis auf die hellbraunen Hartkartonisolierungsplatten waren die Gleise vollständig aus Metall gefertigt. Der Mittelleiter aus Weißblech, der die Fahrspannung übertrug, war in der ersten Serie 1 mm breit. Die Schienenstränge, die den Null-Leiter bildeten, hatten ein gezogenes, vernickeltes Vollprofil. Die Mittellaschen waren aus vernickeltem Messingblech, vorn gerundet und 6 mm breit. Die Gleisunterseite hatte eine braune Lackierung und einen schwarzen Aufdruck „MÄRKLIN Germany". Ab 1936 änderte man die Stärke des Mittelleiters auf etwa 2 mm Breite. Die Isolierungsplatten waren jetzt braun. Ab 1937 gab es in Gleismitte der Böschung auf jeder Seite runde Kabelöffnungen. Der Aufdruck lautete „MÄRKLIN Made in Germany". Die Isolierungsplatten waren hellbraun. Ab 1938 waren die Isolierungsplatten hellbeige. Ab 1939 wurden Schienenstränge und Mittelleiter der Gleise, nicht jedoch der Weichen, Kreuzungen etc., brüniert. Ab 1940 waren die Isolierungsplatten dunkelgrau. Mittelleiter waren aus rohem Weißblech. Das Messingblech der Mittellaschen war unvernickelt.

Nach 1945 wurde improvisiert und vorhandene Restbestände verarbeitet. Weichenzungen bestanden aus unvernickeltem Messingblech oder rohem Weißblech. Das Weichenmittelteil war aus schwarzem oder weißem Kunststoff, manchmal auch schwarz lackiert. Die Schienenstränge der Weichen waren aus Gußmaterial. Der Oberbau wurde nicht lithographiert, sondern mit Schablone beige/braun spritzlackiert. Die Gleisunterseite konnte hellviolett, hellgrau oder schwarz lackiert sein. Wenn ein Stempel aufgebracht war, so lediglich „MADE IN GERMANY" in weißer oder schwarzer Farbe. Die Isolierungsplatten waren schwarz oder dunkelgrau.

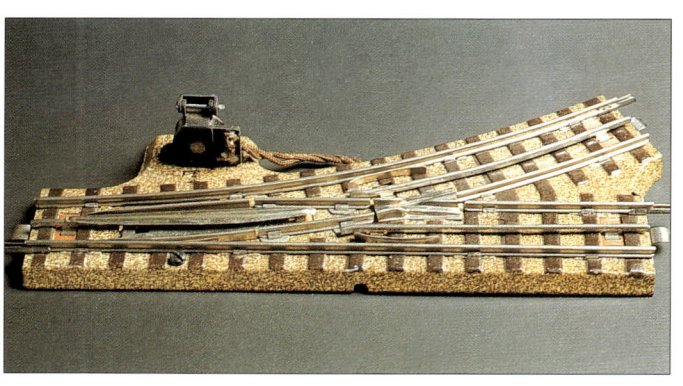
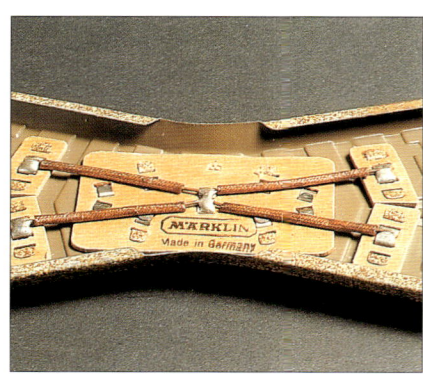

Links: elektromechanische Weiche von 1936 mit breitem Mittelleiter.

Rechts: Verkabelung der Kreuzung 3600 K von 1937.

Das Gleissystem

1947 wurde die neue Gleisserie 3600 (N) präsentiert. Die elektromagnetischen Weichen bekamen eine graue Blechabdeckung für den Weichenantrieb. Der augenfälligste Unterschied zur Vorkriegsserie war der engere Schwellenabstand von jetzt 4 mm und die eckigen Mittellaschen mit 9 mm Breite. Die Schienenstränge aus Vollprofilmaterial waren brüniert, die Gleisunterseite war schwarz lackiert und hatte einen roten Aufdruck „MÄRKLIN Germany". Zur Isolierung wurde hellbrauner Hartkarton verwendet.

Als preiswerte Alternative zu den Gleisen mit Vollprofil, die 1952 letztmalig angeboten wurden, konnte man ab 1949 auch gerade und gebogene Gleise mit Hohlprofil kaufen. 1953 präsentierte Märklin das neu entwickelte Modellgleissystem 3900. Es basiert auf einem Kreis von 16 Gleisen mit einem mittleren Kreisdurchmesser von 117 cm. Die Weichen und die Kreuzung 3900 K hatten einen Winkel von 20°. Erstmals sorgten Punktkontakte für die Stromübertragung. Die Kunststoffschwellen waren im Metallgleisbett eingelassen und die Punktkontakte kaum wahrnehmbar klein. Das System blieb bis 1957. 1953 erschien auch das Uhrwerkbahn-Gleis 872 D1/1 – ein Standardgleis ohne Mittelleiter und Isolierungen.

1956 trat neben das Standardgleissystem 3600 mit Mittelschiene, das letztmals 1958 angeboten wurde, das neue Standardgleissystem 3601 mit Punktkontakten. Die Weichen erhielten neue, zierlichere Formen. Neu war 1957 das Parallelgleis 5200, bei dem 12 Gleise einen Kreis mit 87,5 cm Durchmesser bildeten. Die 5200er Gleise hatten eine hellbraun bis senfbraun lackierte Gleisunterseite. 1963 machte man die Kabelöffnungen in der Böschung eckig. Die Gleisunter-

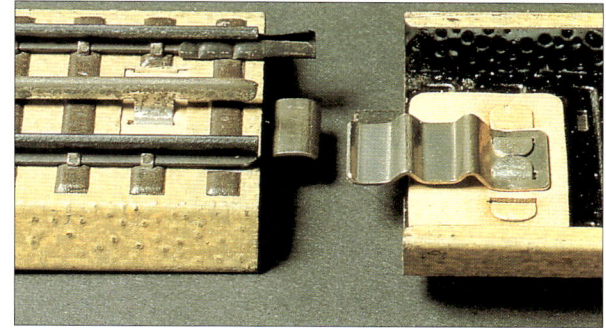

Neues Gleis 3600 N mit kürzerem Schwellenabstand von 1947.

Aktuelles Metall-Böschungsgleis 5106, seit 1980 in dieser Ausführung.

Mitte links: Kunststoffgleis 2100 mit Hohlprofil von 1969.

Mitte rechts: Das Alpha-Gleissystem 2000 überzeugt mit vielen neuartigen Ideen.

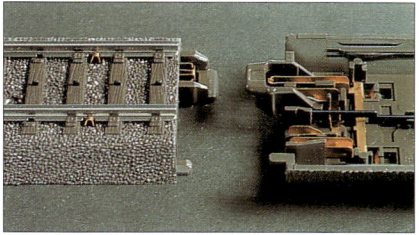

seite lackierte man silbern. 1968 wurde mit der Dreiwegweiche 5214 das Metall-Punktkontakt-Gleissystem vollendet. Die starke Verbreitung ist auf die Anfangspackungen zurückzuführen, die wegen des Preisvorteils überwiegend mit Metallgleisen bestückt waren.

1969 präsentierte Märklin die neuen Kunststoffgleise der Serie 2100 – ein Gleissystem für den anspruchsvollen Modellbahner. Die K-Gleise bestehen aus einem schwarzen Kunststoffschwellenband, in dessen Unterseite ein Metallmittelleiter eingelassen ist, dessen Stege oben aus den Schwellen ragen. Die Schienenstränge hatten damals ein silbernes Hohlprofil. Das Kunststoff-Gleissystem wurde 1981 von Hohlprofilschiene auf Vollprofilschiene (2200) umgestellt.

Ab 1969 fertigte man für die neue Handelsmarke PRIMEX ein oben grau lackiertes Gleis mit schwarzen Schwellen. Die Gleisunterseite war silbern lackiert.

1988 kam mit der Abenteuer-Eisenbahn ALPHA auch das neue Gleissystem 2000. Das Böschungsgleis ist fein detailliert und aus schwarzbraunem Kunststoff. Die Schienenstränge aus Vollprofilmaterial und die brünierten Punktkontakte sind sehr zierlich. Kinderleichtes Zusammenstecken und große Stabilität sind neben dem naturnahen Aussehen die Vorzüge des neuen Gleissystems.

Die Originalkartons

Obwohl für den Märklin-Freund natürlich das Modell im Mittelpunkt seines Interesses steht, schlägt das Herz doch höher, wenn es in einem Originalkarton verpackt ist. Mancher Sammler ist sogar bereit, einen Preisaufschlag von 10 bis 20% dafür zu akzeptieren. Märklin hat am Anfang für Modelle aller Spurweiten Stülpdeckel-Kartons verwendet und auf der Stirnseite mit Etikett versehen. Ausgestanzte Kartoneinsätze schützten die Lokomotiven gegen Verrutschen. Spitzenstücke der Produktion, wie das „Krokodil", hatten sogar Holzeinsätze, die zusätzlich mit grünem Filz ausstaffiert sein konnten. Die billigen Loks waren mit Wellpappe gepolstert.

Ab 1938 gab es die typischen, rot im Rapport, mit dem 1929 erstmals verwendeten Märklin-Signet „Fahrrad" bedruckten Schachteln. Diese Verpackungen wurden bis 1958 benutzt. In der Kriegs- und der ersten Nachkriegszeit wurden die unterschiedlichsten Kartonqualitäten und Aufkleber in bunter Mischung verwendet.

Auf alten Kartons finden sich manchmal Stempel, die besondere Modelle kennzeichnen. Ab 1939 wies ein „K" auf die neue Bügelkupplung hin. Ab 1947 erhielten modernisierte Vorkriegsmodelle ein „N". Bei den Lokomotiven begann man in Göppingen 1958, die Packungen verkaufsfördernd zu gestalten. Es gab einen hellblauen Karton mit Schuber, der das jeweilige Modell in einer dynamischen, farbigen Zeichnung zeigte. Heute sind diese Schuberkartons sehr selten. Schon 1959 benutzte man eine andere, ausgeklügelte Kartonage, deren Deckel mit dem Unterteil verbunden war. 1971 fotografierte man vier Universalmotive mit bunten Loks und Kindern für Standardformate. Als Modelleinsatz wurde Styropor verwendet. 1974 wurde der Fensterkarton ausgeliefert. Auch dieser Universalkarton wurde in verschiedenen Formaten gefertigt. 1982 machte man einen Versuch mit einem Klarsichtkarton aus Kunststoff.

Die 1986 erstmals präsentierte, weiße Kartonage hatte wieder einen Schuber, sowie einen Tiefzieheinsatz für das Modell. Jede Lokomotive hat einen individuellen Karton mit technischer Zeichnung. Diese Verpackung ist voluminöser als je zuvor und es gibt sie in verschiedenen Längen.

Die gleichen Kartons sind bei den Digitallokomotiven grau. Bei den Wagenverpackungen ergaben sich im Laufe der Zeit weitere Varianten.

Oben: alte Stülpdeckelkartons von Triebfahrzeugen.
Rechts: „Krokodil" im Rapport-Karton von 1958 mit Holzeinsatz. Grüner Filz, Wellpappe und Ölpapier schützen das Modell.
Mitte: dynamische Abbildungen des Inhalts.
Unten: die bunte Welt der Modellbahn im Foto, von 1971 bis 1976 verwendet.

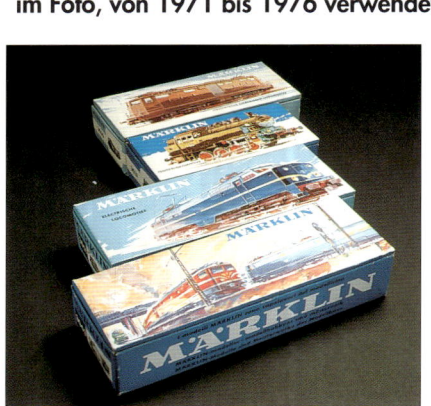

Sammelsystematik/Wertanlage

Bahnhofszene aus der Zeit der Blechbahn. Schnell aufgebaut, schnell abgebaut. Damals verstand man noch zu „spielen".

Viele Modellbahnfreunde widmen sich heute dem Sammeln alter Miniaturbahnmodelle. Damit wird ein nicht unwichtiges Stück Spielzeuggeschichte für die Nachwelt erhalten. Inzwischen stellen alte Eisenbahnmodelle oft einen Wert dar, den man kaum vermutet. Der Modellbahnbereich Märklin 00/H0 dürfte wohl der umfangreichste sein, und er wird heute von vielen Sammlern bevorzugt. Vielleicht weil er von den alten Vorkriegsmodellen bis in die Gegenwart reicht und weiter lebt. Die Zahl der bisher erschienenen Modelle ist sehr groß und eine Spezialisierung auf ein bestimmtes Sammelgebiet kann deshalb empfohlen werden.

Sammeln Sie zum Beispiel Dampflokomotiven oder E-Loks, Speisewagen oder Packwagen, Tankwagen, Bierwagen oder USA-Wagen, Blech- oder Gußwagen, Bahnhöfe oder Signale. Ihrer Phantasie sind keine Grenzen gesetzt. Haben Sie vielleicht noch ein paar alte Modellbahnkataloge? Dann besitzen Sie eine wichtige Voraussetzung für das Eisenbahnsammeln. Die Kataloge vermitteln Ihnen einen guten Überblick über Ihr Sammelgebiet. Spezielle Sammlerkataloge, die sich auf ein Sammelgebiet beschränken, wie z.B. Koll's Preiskatalog Märklin 00/H0, verzeichnet auch jene Modelle und Varianten, die in den Herstellerkatalogen nicht zu finden sind.

Der Liebhaberpreis entwickelt sich aufgrund der Seltenheit, weniger wegen der Schönheit eines Modells. Dies bedeutet: Schöne Modelle erfreuen sich allgemeiner Beliebtheit und werden viel gekauft. Wegen der großen Stückzahlen ist eine Wertsteigerung kaum zu erwarten. Eine Ausnahme machen Modelle, die teuer waren oder als teuer empfunden wurden. Was früher teuer war, ist auch heute teuer. Zu dieser Regel gibt es natürlich eine Ausnahme. Die Uhrwerklok S 870 kostete 1956 nur 5,75 DM, heute dagegen 2000 DM. Einwandfreie Exemplare sind nur selten zu finden. Nicht jeder kann sich eine Sammlung aus Spitzenstücken leisten. Dennoch ist es möglich, eine Lokomotivsammlung – auch mit geringem finanziellem Aufwand – aufzubauen. Beginnen Sie beispielsweise mit der Tenderlok BR 89, so sind die verschiedenen Ausführungen im allgemeinen recht günstig zu bekommen. Noch preiswerter ist eine Sammlung von Wagen. Zwar hört man immer wieder von schwindelerregenden Summen, die für seltene Modelle geboten werden – dennoch gibt es viele Objekte, die preisgünstig sind. Es ist also durchaus möglich, mit kleinem Budget eine umfangreiche Sammlung aufzubauen. Beim Modellbahnsammeln kann sich ein Gewinnzuwachs einstellen, aber ohne Automatik. Wer die heutigen Preisnotierungen mit denen aus dem Jahr 1979 vergleicht, der wird feststellen, daß viele Modelle eine beachtliche Wertsteigerung erfahren haben. Die Entwicklung des Wertes verläuft jedoch unterschiedlich bei den verschiedenen Modellen. Sehr wichtig ist der Erhaltungszustand. Ein schlechter Zustand kann den Wert eines Modells halbieren. Der Postwagen Märklin-Nr. 346/5 kostet heute in exzellenter Ausführung ca. 280 DM. Bereits bei kleinen Gebrauchsspuren wie Lackschäden oder Rostansätzen sinkt sein Wert auf die Hälfte. Fehlt auch noch das Spezialdach (mit Oberlichtern), so ist der Wagen kaum verkäuflich.

Dies sollten Sie unbedingt beachten, denn die meisten Interessenten suchen Objekte in einwandfreiem Zustand. Da das Sammeln alter Eisenbahnmodelle, verglichen mit dem Sammeln von Münzen oder Briefmarken, noch nicht sehr lange betrieben wird, gibt es sicher eine ganze Reihe von Modellen, die im Grunde vom Markt noch unterbewertet sind. Eine Prognose läßt sich allerdings machen: Langjährig angebotene Modelle, die große Verbreitung gefunden haben, werden kaum einen Wertzuwachs erfahren. Technisch hochwertige Lokomotiven, wie das „Krokodil" CCS 800 (3015) oder die E-Lok RE 800 mit ihrem vierachsigen Antrieb, werden im Wert steigen.

Auktionen und Märkte

Man möchte meinen, die Suche nach alten Modellen (besonders in gutem Zustand) sei vergebens – schließlich handelt es sich um Kinderspielzeug. Modellbahnen mußten das Gesetz der Fliehkraft beweisen. Kein Wunder, daß manche Lok und mancher Wagen nicht ungeschoren davonkamen und letztlich im Mülleimer landeten. Deshalb ist es erstaunlich, in welch gutem Zustand sich manche Eisenbahnmodelle befinden, die oft 50 Jahre alt sind.

Die naheliegendste Möglichkeit zum Auffinden alter Märklin-Modelle ist neben der Nachfrage bei Ihrem Modellbahnhändler der Anzeigenteil in den Eisenbahnfachzeitschriften. Besonders die Kleinanzeigen sind wahre Fundgruben.

Eine andere gute Gelegenheit, seine Eisenbahnsammlung zu erweitern und durch Vergleich hinzuzulernen, ist der Besuch eines Eisenbahnmarktes. Natürlich ist das Angebot sehr unterschiedlich und es kann Ihnen passieren, daß Sie auf einem Markt keine Kunststoffgleise finden, dagegen aber eine breite Auswahl an Krokodilen. Eine andere Möglichkeit zum Erwerb von Eisenbahnmodellen bietet eine Spezialauktion. Zunächst sollten Sie sich unbedingt einen Auktionskatalog zuschicken lassen.

In aller Ruhe können Sie dann zu Hause die Modelle anstreichen, die für Sie interessant sind. Beachten Sie unbedingt die Zustandsbeschreibung und notieren Sie sich, wieviel Sie maximal bieten wollen. Wenn Sie mit den Auktionshäusern noch keine Erfahrungen haben, sollten Sie hinfahren und das Geschehen beobachten.

Sind Sie am Auktionstag verhindert, so haben Sie die Möglichkeit, ein schriftliches Vorgebot abzugeben. Dies sollten Sie aber erst dann tun, wenn Sie das Geschäftsgebaren des Auktionators kennengelernt haben. Wenn Sie Glück haben, bekommen Sie den Zuschlag erheblich unter Ihrem Höchstgebot. Wenn Sie Pech haben, bietet ein anderer Interessent 1 DM mehr. Bieten Sie deshalb besser 203 DM als 200 DM. Es ist übrigens ein Vertrauensbeweis der Kundschaft, wenn ein Auktionshaus eine hohe Quote von Vorgeboten hat.

Vor jeder Auktion findet eine Besichtigung statt. Jedem, der bieten möchte, ist unbedingt zu empfehlen, sich „seine" Objekte anzusehen. Dabei erweist sich als Vorteil, wenn Sie zu Hause eine Vorauswahl getroffen haben, denn meist reicht die Zeit nicht aus, alle angebotenen Modelle genau zu begutachten. Über Zustandsangaben, z.B. „leichter Lackschaden", können die Meinungen des Bieters und des Auktionators sehr wohl auseinandergehen. Jeder muß selbst entscheiden, ob ihm das Stück gut genug ist.

Suchen Sie sich einen strategisch günstigen Platz, damit Sie das Geschehen im Auge haben. Voraussetzung zum Mitbieten ist allerdings eine Bieternummer. Die bekommen Sie vor Beginn der Auktion gegen Angabe Ihrer Adresse. Der Eintritt ist übrigens frei. Auch die Bieterkarte ist kostenlos. Im Auktionskatalog steht hinter jedem Objekt ein Schätzpreis, der keineswegs dem Marktwert entsprechen muß. Sehr oft liegt der Zuschlag erheblich darüber. Ein niedriger Schätzpreis kann den Anschein erwecken, man könnte hier besonders günstig ersteigern. Im Grunde ist der Schätzpreis jedoch bedeutungslos. Denn wenn erfahrene Sammler im Saal sind, werden sie sich keine Rarität entgehen lassen und ihre Konkurrenz wird für ein realistisches Preisniveau sorgen. Sie sollten nicht übersehen, daß zum Zuschlagpreis ein Aufgeld von 15% bis 20% zu zahlen ist.

„Allerweltsmodelle" bekommen Sie auf Auktionen äußerst günstig. Manche Versteigerer fassen ein paar einfache Stücke zu Lots zusammen, die dann meist noch weniger kosten, als bei Einzelversteigerung. Wirkliche Sammlerstücke, in exzellenter Erhaltung, ergattert man allerdings höchst selten auf niedrigem Niveau.

Gute alte Zeit: Im Rittersaal der Wachenburg war es bei den Auktionen so richtig gemütlich. Allerdings sorgte die schummrige Beleuchtung bei der Besichtigung nicht gerade für Durchblick. Da das Parkplatzproblem dort nicht lösbar war, zog man in eine moderne Halle um.

Fälschungen und Restaurierungen

 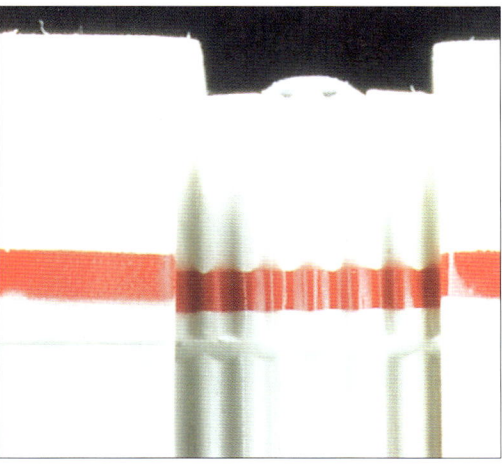

 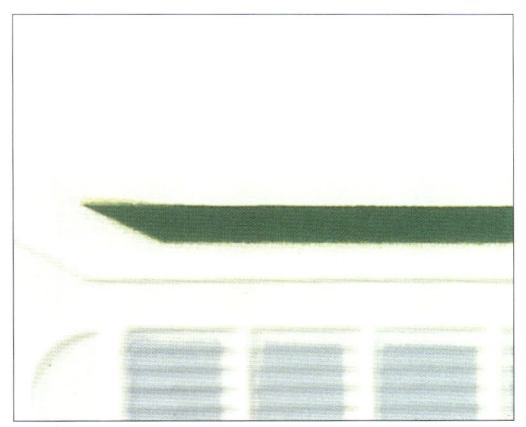

Links: Turmdetail beim DT 800 in Originallackierung von 1951.

Rechts: (DT 800 2) Turmdetail beim DT 800 in Neulackierung.

Links: Zierlinie beim ST 800 blau in Originallackierung von 1951.

Rechts: Zierlinie beim ST 800 grün in Neulackierung.

Ein Originalkarton kann ein Indiz für die Echtheit einer Lokomotive sein. Kann! Muß aber nicht. Seit einiger Zeit werden Kartons seltener Modelle nachgemacht und angeboten. Seien Sie deshalb auf Eisenbahnmärkten und Auktionen wachsam und lassen Sie sich nicht durch eine beiliegende Betriebsanleitung täuschen! Auch Gebrauchsanleitungen wurden schon nachgedruckt.

Der Modellbahnsammler möchte möglichst fabrikfrische Stücke im Originalzustand. Ein paar kleine Kratzer nimmt er meistens in Kauf. Sind die Lackschäden allerdings zu stark, so stellt sich die Frage der Restaurierung, Abtönung, Glanzgrad und Konsistenz der Farben sind jedoch nicht einfach hinzubekommen. Bei zweifarbigen Modellen (z.B. DT 800) sieht man bei den Zierstreifen sehr gut, ob es sich um die Originallackierung handelt. Der Farbnebel, durch die Originalschablone hervorgerufen, verrät es.

Versieht man eine Vorkriegs-HR 800-Lok mit dem feineren Nachkriegsfahrwerk, so bedeutet dies natürlich eine Wertminderung. Die technischen Möglichkeiten der Restauratoren lassen natürlich auch Raum für Manipulationen wie Umlackierungen von braunen Wagen in graue Modelle. Hier sollten Sie wachsam sein und genau prüfen, bevor Sie einen hohen Liebhaberpreis zahlen. Achten Sie besonders auf Originalzustand bei der grünen Stromlinienlok SK 800 und bei den englischen Ausführungen der Lokomotiven HR, R und SLR, sowie bei den LMS-Wagen.

Da die roten Versionen des Triebwagens ST 800 sehr viel häufiger sind, verwandeln sie sich gerne in grüne oder blaue. Auch bei der holländischen E-Lok SEW H 800 sollten Sie vorsichtig sein. Wer seine alten Modelle überholen lassen möchte, kann sie nach Göppingen zu Märklin schicken. Fügen Sie eine genaue Auflistung Ihrer Wünsche bei und schreiben Sie auch, was Sie nicht erneuert haben wollen. Sie bekommen einen Kostenvoranschlag – vielleicht mit dem Hinweis, welche Originalteile nicht mehr vorrätig sind und durch Nachgußteile ersetzt werden müssen. Erst nach Zustimmung beginnt das Lifting. Es versteht sich von selbst, daß die Erneuerung eines alten „Wracks" nicht billig ist und beim späteren Verkauf Probleme bereiten kann.

Dampflokomotiven

Die Dampflok R 700 von 1937 stellte eine typische Reichsbahn-Maschine dar, jedoch wie meist üblich, in verkürzter Ausführung.

Stromlinienförmig und stark verkürzt: Dampflok SLR 700. Baujahr 1936.

Die grüne Ausführung SLR 700 LNE, für den Export nach Großbritannien vorgesehen, wurde nur 1937 und 1938 angeboten.

Modell einer Reichsbahn-Stromliniendampflok. Seltene grüne Version der SK 800 von 1939.

Dampflokomotiven

Dampflok R 800 in den Farben der englischen Bahngesellschaft LMS. Bauzeit 1938.

Den höchsten Preis der H0-Triebfahrzeuge erzielt die E 800 LMS, von 1938: Mit rund 70 000 DM muß gerechnet werden.

Vorkriegs-Schnellzug-Lok HR 800 mit vorbildgerechter Achsfolge. Das Modell ist zwischen 1940 und 1945 entstanden.

Die Tenderlok T 800 kam in dieser Ausführung mit geschlossenem Bürstenlager 1947.

Dampflokomotiven

Seltene Tenderlok TT 800 von 1954. Besonders interessant ist hier der Fahrtrichtungs-Handschalter hinter der Rauchkammertür.

Die einzige Uhrwerklok der Spurweite 00/H0: S 870 von 1953. Die meisten Exemplare dürften beim wilden Spielen verschlissen worden sein.

Schnellzuglok F 800 von 1952 mit echter Kohle im Nietentender. 1955 kam der glatte Schweißtender.

Güterzuglok G 800 von 1950 bis 1954 mit Umschaltknopf im Nietentender. Auch hier gab es echte Kohle.

Dampflokomotiven

Oben links: Tenderlok 3000, eine Konstruktion von 1953. In 10 Jahren 1 Million Stück. Oben rechts: seltene 3029 in einer dänischen Ausführung von 1987.

Mitte links: „Glaskasten" genannte Dampflok 3686 von 1991.

Mitte rechts: Tenderlok 3304 mit feiner Detaillierung des Gußgehäuses von 1988.

Links: schwere Tenderlok der Baureihe 85. Märklin-Modell 3308 von 1985.

Fahrwerk und Aufbau der Baureihe 96 bestehen aus Metall und wurden zur Demonstration schwarz/silbern lackiert. Modell 83496 von 1994.

Dampflokomotiven

Belgische Dampflok der Serie 25. Das Modell 3316 von 1987 wurde nur in einer kleinen Stückzahl hergestellt.

Das Modell 3317 der Baureihe 231 der SNCF wurde in einer Sonderserie 1991 gefertigt.

Niederländische Serie 49. Die Güterzuglok 3419 kam 1993 als Sonderserie.

Die Schnellzuglok BR 011 der DB repräsentiert als Märklin-Modell 3390 von 1991 die neue Generation der Modellbahn.

Dampflokomotiven

Stromlinienlok BR 0310 der Deutschen Reichsbahn. Das Modell 3391 von 1992 ist eine Weiterentwicklung der Modelle 3089/3094.

Torftender-Dampflok der Königlich Bayerischen Staatsbahn. Die zierliche Lok 3497 von 1994 demonstriert Modellbau auf hohem Niveau.

Die Baureihe C der Königlich Württembergischen Staatseisenbahnen wirkt auch als Modell 3514 von 1990 elegant wie einst.

Lokriese der Bauart Mallet, BR 53 (3602), bei der DR geplant, von Märklin realisiert.

Elektrolokomotiven

Oben links: Die erste E-Lok war die RS 700 von 1935. Diese ist von 1937.

Oben rechts: E-Lok RS 800 aus der ersten Nachkriegszeit. Vorbild war die Baureihe E 18.

Rechts: Vorkriegs-E-Lok HS 800 von 1947. Vorbild war die damals neuartige Baureihe E 18 der Deutschen Reichsbahn.

Von 1953 stammt diese Variante der MS 800, ein echtes E 18-„Supermodell" von 1947.

Blaue DB-Ausführung der Baureihe 118. Das Modell 3368 von 1992 zeigt mit seinem Gußaufbau den Fortschritt der Modelleisenbahn.

Elektrolokomotiven

Oben links: Die RS 790 von 1948 hatte lediglich einen Fahrtrichtungs-Handumschalter.

Oben rechts: Die E-Lok RSM 800 von 1950 war nur kurz im Programm.

Links: Neben dem „Krokodil" ist die RE 800 von 1950 das gesuchteste Modell nach schweizerischem Vorbild. Alle vier Achsen wurden angetrieben.

Einige E-Loks vom Beginn der fünfziger Jahre besaßen nur einseitige Beleuchtung. So auch die SE 800 von 1950.

Diese blaue „Bullaugenlok" 3013 (SEH 800) stammt von 1957. Ihr Liebhaberpreis dürfte sich zukünftig noch weiter entwickeln.

107

Elektrolokomotiven

Oben links: Die E-Lok CE 800 (3001) von 1953 wurde in großen Stückzahlen gebaut. Oben rechts: Bei der E-Lok 3157 von 1981 zeigt sich die Entwicklung des Modellbaus.

Mitte: Das Flaggschiff der Märklin-Modellbahn ist zweifellos das „Krokodil" (3015). Diese Maschine aus der Frühzeit stammt von 1950.

Oben: Das braune „Krokodil" 3352 ist ein Vertreter der neuen Generation und wurde 1987 gebaut.

Rechts: Ein Holzgehäuse wie das Vorbild besitzt die 3170. Jedoch handelt es sich hier um ein Furnier. Das gezeigte Modell wurde 1986 in Schweden ausgeliefert.

Elektrolokomotiven

Moderne schweizerische E-Lok der BLS. Das Modell 3463 von 1994 hat einen Druckgußaufbau.

Die dreiteilige Gelenklokomotive der Baureihe 191 hat Metallaufbauten. Diese 3329 stammt aus dem Jahr 1986.

Verhältnismäßig selten ist die französische E-Lok 3333. Sie wurde in einer Sonderserie 1987 und 1988 gefertigt.

Das neue Farbkonzept der DB paßt zur Baureihe 120 besser als zu anderen Loks. Das Modell 3553 geht auf eine Konstruktion des Jahres 1980 zurück.

Diesellokomotiven

Eine erfolgreiche Konstruktion war die BR V 200, die Märklin 1957 als 3021 brachte. 33 Jahre konnte sie sich fast unverändert im Programm behaupten.

Als HAMO-Liebhabermodell wurde 1965 die luxemburgische 3063 angeboten. Sie blieb nur bis 1967 und gehört heute zu den gesuchten Stücken.

Mitte: Die belgische Rangierdiesellok 3069 von 1963 ist heute eine Rarität.

Mit Betr.-Nr. 8024 vier Jahre, mit Nr. 8058 fünf Jahre: 3149 von 1979.

Die Warship Class 3073 der British Railways befand sich von 1967 bis 1971 im Angebot und erreichte nur geringe Stückzahlen.

Diesellokomotiven

Oben links: In einer Startpackung für die Schweiz befand sich 1986 dieses Modell der 3078.

Oben rechts: Die Version der Nederlandse Spoorwegen gab es 1986 in einer Startpackung.

Links: Interessant ist die Diesellok BR 236 in Doppeltraktion, denn die 3346 wurde nur 1984 und 1985 angeboten.

Zwei Motoren besitzt die dreiteilige Santa Fé von 1992. Obwohl das MHI-Modell 3362 in einmaliger Serie erschien, gibt es keinen Wertzuwachs.

Auch die Alaska-F7 3462 war 1993 ein Modell der Märklin-Händler-Initiative, deren Stückzahlen sind meist genügend groß.

Triebwagen und Triebzüge

Der kleine Triebwagen TWE 700 mit seinem Blechgehäuse stammt von 1936. Meist ist er in Elfenbein/roter Lackierung zu finden.

Der seltene Schnelltriebwagen TW 800 erschien 1939 in diesen Farben. 1949 kam er noch einmal in drei anderen Lackierungen.

Von 1948 stammt der amerikanische Schnelltriebwagenzug ST 800. Das hier gezeigte Modell wurde 1955 gefertigt.

Der Doppeltriebwagen DT 800 war nur von 1950 bis 1954 im Programm und ist deshalb heute selten.

Triebwagen und Triebzüge

Oben: Von 1958 bis 1961 wurde der Schnelltriebwagen 3025 angeboten. Er ist heute gesucht.

Unter der Nr. DB 800 K wurde der Schienenbus 1955 komplett mit Beiwagen verkauft. Als 3016/4018 ist er noch heute im Angebot.

Der TEE-Triebwagenzug 3070 wurde 1965 bis 1970 in der gezeigten Version gefertigt und bis 1989 als 3071 in einer vereinfachten Variante.

Die geringe Auflage von 5000 führte beim „Northlander" 3150 vom Verkaufspreis 380 DM zum heutigen zehnfachen Liebhaberpreis.

113

Triebwagen und Triebzüge

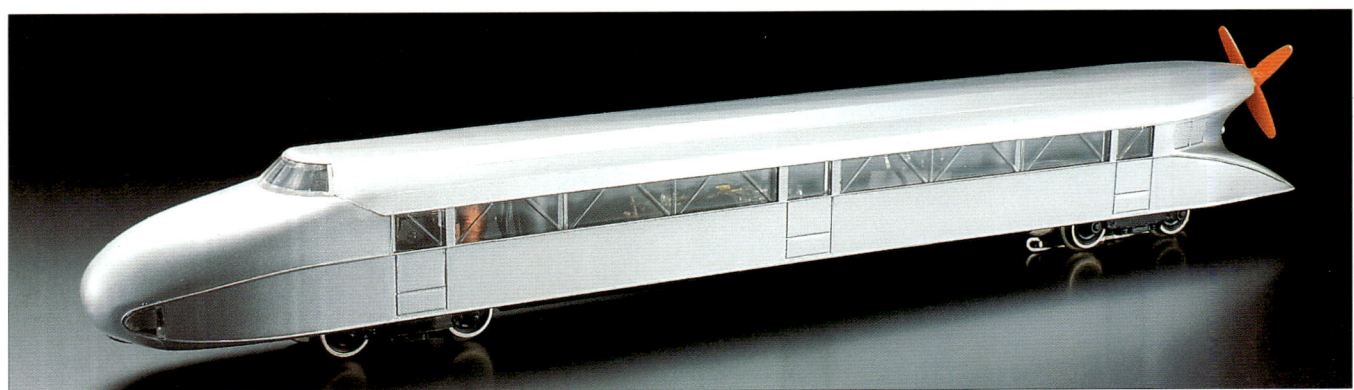

Oben: Beim Schienenzeppelin 3077 rotiert zuerst die Luftschraube, bevor er sich langsam in Bewegung setzt und dann sein Rekordtempo erreicht.

Die schwarze Micheline 3118 mit der Märklin-Zusatzaufschrift ist vermutlich die seltenste Variante dieses Schienenbusses.

Auch die Micheline 3121 mit der belgischen Märklin-Aufschrift gehört zu den Raritäten.

Ein hübsches Modell ist zweifellos der „Rote Pfeil" 3125, der 1985 erschien.

Triebwagen und Triebzüge

Der achtteilige Amtrak-ICE 3700 wurde 1994 in einer Stückzahl von 5000 gefertigt. Ob sich wohl langfristig ein Liebhaberpreis entwickeln wird?

Von 1985 bis 1992 befand sich der Inter-City-Experimental 3371 im Programm. Er wurde durch den InterCityExpress 3371 ersetzt.

Den niederländischen Post-Triebwagen 3388, der 1990 erschien, gibt es in verschiedenen Lackierungsvarianten.

Ein unscheinbares Modell ist der elektrische Gütertriebwagen 3683, der 1993 geliefert wurde. Vielleicht ist diese Unscheinbarkeit günstig für einen Wertzuwachs.

115

Zugpackungen

Die Jubiläums-Doppelpackung „50 Jahre Märklin H0" 0050 erschien 1985 in so großer Stückzahl, daß der Handel später durch starke Preissenkungen versuchte, das Lager zu räumen. Dabei war die Packung eigentlich liebevoll gestaltet. Sie enthielt in alter Blechtechnik Nachbauten der beiden Züge des Startjahres 1935.

1984 feierte Märklin das 125jährige Firmenjubiläum. Unter anderem gab es auch den württembergischen Güterzug 2857. Dieser schöne Zug wurde in einer ausreichenden Stückzahl gefertigt.

Zugpackungen

Ein interessantes Set war der „Junkers Flugzeug-Transport-Zug" 2866 von 1990. Auch hier konnte man zur Verlängerung des Zuges zwei Ergänzungswagen mit einem Flugzeugmodell-Bausatz erwerben.

Der bayerische Reichsbahnzug 2860 von 1988 gehört zu den gesuchten Objekten. Zur Ergänzung gab es 1990 noch zwei Wagen, die ebenfalls sehr begehrt sind.

117

Zugpackungen

Oben: Der historische Schwedenzug 2870 von 1988 stellt eine Klasse für sich dar, denn Lok- und Wagenkästen sind mit echtem Holzfurnier gefertigt. Darüber hinaus besitzen die Wagen filigrane Plattformen und Federpuffer.

Mitte: Ein märchenhafter Zug ist der König-Ludwig-Zug 2880 mit seinen Luxus-Wagen. Er kam in Teillieferungen 1992 und 1993.

Die Jubiläumspackung 3300 mit den zwei E-Loks aus dem Jahr 1985 wurde in genügender Stückzahl gefertigt. Beide Loks haben Guß-Aufbauten.

Zugpackungen

Oben: Die NSB-Güterzug-Startpackung 0990 wurde 1987 ausschließlich in Norwegen verkauft. 1988 gab es noch eine Variante mit einem norwegischen Shell-Kesselwagen.

Mitte: Unter den PRIMEX-Zugpackungen ist der „Orient-Express" 2701 von 1988 wohl der interessanteste.

Unten: Die PRIMEX-Packung 2760 wurde 1984 in einer Auflage von 6000 Stück gefertigt. Sie erschien zum 15jährigen PRIMEX-Jubiläum.

Güterwagen

Der Kippwagen 362 wurde von 1936 bis 1952 gefertigt. Nur in der Vorkriegszeit war der Planenwagen 363 zu bekommen. Von 1936 bis 1938 gab es den Kranwagen 366 mit großem Blechausleger. Selten: Rungenwagen 372 G mit Stammholz.

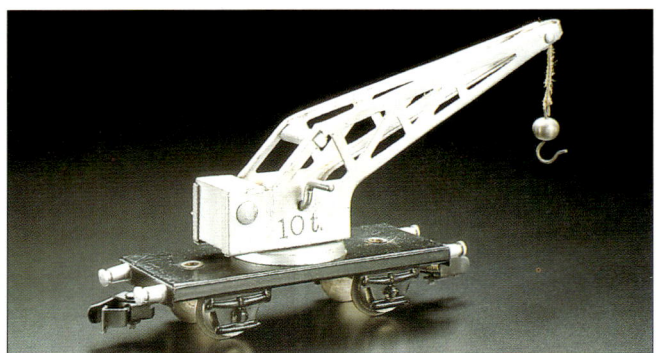

Den Niederbordwagen 364 gab es von 1936 bis 1950. Der offene Güterwagen 371 ist häufig. Er kam von 1936 bis 1952. Standard/Esso-Wagen 374 St aus der Vorkriegsproduktion, 1938. Shell-Kesselwagen 374 S. Bauzeit: 1935 bis 1952.

Güterwagen

Oben: Der gedeckte Güterwagen mit Schlußlicht 381 S ist heute rund zehnmal so teuer wie der Wagen 381, der von 1935 bis 1951 kam.

Mitte links: Der farbige Kleintierwagen 386 wurde von 1939 bis 1950 gebaut.

Mitte rechts: Nur in der Vorkriegszeit wurde der Bierwagen 388 gefertigt.

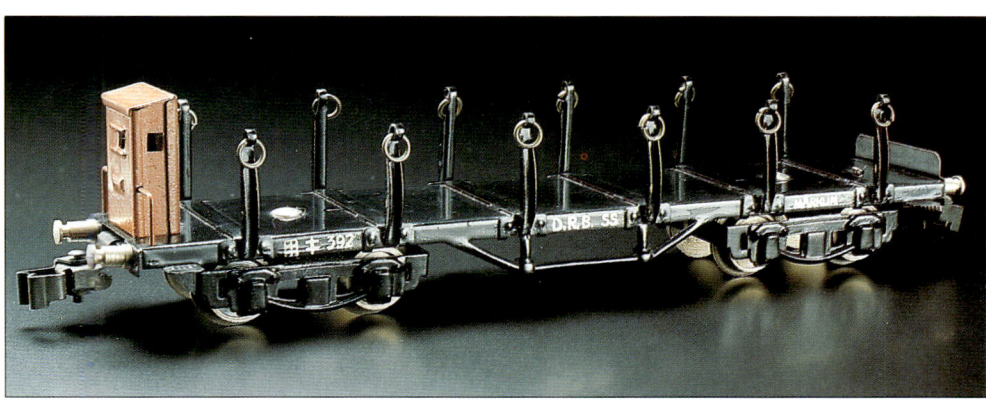

Mitte links: Gleiches gilt für den Viehwagen 389, der von Sammlern geschätzt wird.
Mitte rechts: Der Güterzug-Gepäckwagen 390 ist oft zu finden und deshalb preiswert.

Den Rungenwagen 392 gab es von 1937 bis 1950. Anfangs hatte er Blechdrehgestelle, später Gußdrehgestelle.

Güterwagen

Oben links: Esso-Kesselwagen 314 E mit grauem Kessel von 1948/49. Oben rechts: gedeckter Güterwagen mit Schlußlicht 320 S von 1950.
Mitte links: Stammholzwagen 321 G von 1947/48. Mitte rechts: Planenwagen 322, wie von 1952 bis 1955 geliefert.

Oben links: Bierwagen 325 Gambrinus in seltener Variante von 1949.

Oben rechts: Der Bananenwagen 326 wurde in dieser Art 1950/51 gefertigt.

Unten: Offener, brauner Wagen mit Grubenholz 311 H, von 1952 bis 1955 gebaut. Daneben ein graues Modell von 1950/51.

Güterwagen

Links: Schluß-
lichtwagen
4506 (306/1)
von 1957.

Rechts: Stückgut-
wagen 306/2
(4507) von
1952 mit alten
Achsen.

Links: Der erste Kunststoffwagen: Kühlwagen 307 (4508) von 1951 mit alten Achsen.
Rechts: Bananenwagen 307/2 (4509) von 1952.

Oben links: Behältertragwagen 4625 von 1964.
Oben rechts: Kühlwagen 4640, blau, von 1969 bis 1972 geliefert.

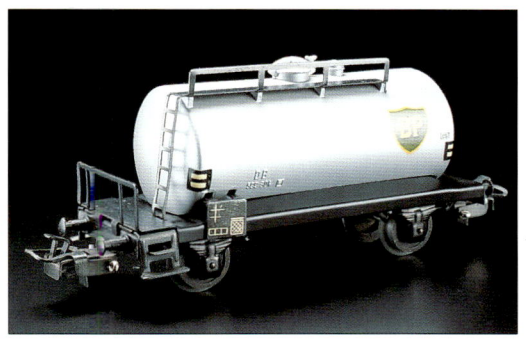 

Links: Kesselwa-
gen-Bausatz BP
4900 von 1958.
Rechts: Bierwa-
gen-Bausatz
Staufen Bräu
4934 von 1970.

Personenwagen

Oben links: Der Plattformwagen 327 wurde von 1935 bis 1950 gebaut.
Oben rechts: Der passende Gepäckwagen 328 kam 1936 hinzu.

Der kurze D-Zug-Wagen 341 wurde von 1935 bis 1950 gefertigt. Das gezeigte Modell von 1935 hat noch keine Kabelöffnung an der Stirnseite.

Eine Rarität ist der Wagen 342 E, der mit seiner LMS-Stempelung in kleiner Stückzahl 1937/38 nach Großbritannien geliefert wurde.

Der blaue internationale Speisewagen 342 J ist wesentlich seltener als der rote Mitropa-Wagen, obwohl die Bauzeit gleich ist.

Personenwagen

Mitropa-Schlafwagen 343 aus dem Jahr 1940. Die meisten Modelle dieser Wagenserie wurden von 1935 bis 1950 gebaut.

Die Gepäckwagen kamen erst 1936 ins Programm. Der blaue 344 J stammt aus der Zeit von 1947 bis 1949. Er ist seltener als der grüne Wagen.

Zu den Raritäten gehören die beiden Pullman-Wagen. Sie wurden von 1937 bis 1941 geliefert. Der elfenbein/ultra-marinblaue Wagen 349 stammt von 1938, das elfenbein/grüne Modell 349 E ebenfalls.

Personenwagen

Von 1938 bis 1950 wurden die langen D-Zug-Wagen gebaut. Einige Sonderformen, wie der Schlußlichtwagen 351 SB, kamen jedoch nur ein Jahr.

Speisewagen 352 J in blauer internationaler Ausführung, in der Version von 1947 mit großen Druckguß-Drehgestellen.

Der rote Mitropa-Schlafwagen 353 gehört in die gleiche Bauzeit wie der blaue Speisewagen.

Dieser D-Zug-Gepäckwagen 354 von 1946 wurde wegen Materialmangels nicht lithographiert, sondern handlackiert und gestempelt.

Personenwagen

Die Serie der „Schürzenwagen" wurde von 1951 bis 1957 geliefert. Der Schlußlichtwagen 346/1 BS (4007) dürfte aus dem Jahr 1954 stammen.

Dieser DSG-Speisewagen 346/2 (4008) wurde wohl 1952 gebaut.

Der Schlafwagen 346/3 (4010) der DSG ist seltener als der obige Speisewagen. Beide stammen aus der gleichen Zeit.

Dieser CIWL-Schlafwagen 346/3 J (4011) entstammt der ersten Bauzeit, als die Zuglaufschilder noch hochgeprägt waren.

Personenwagen

Wie alle Modelle der Serie, hatte der D-Zug-Gepäckwagen 346/4 (4012) anfangs Drehgestelle mit Guß- und später mit Kunststoffseitenwangen.

1952 wurde die Serie durch den Postwagen 346/5 (4013) ergänzt. Er wurde längst nicht so oft gekauft wie der Gepäckwagen.

Der blaue FD-Zug-Wagen 346/6 (4014) kam erst 1953 ins Programm, zunächst in 2.-Klasse-, dann in 1.-Klasse-Ausführung.

In der Serie der SBB-Leichtschnellzugwagen ist das Modell 348/1 (4015) mit den zu öffnenden Doppelschiebetüren das interessanteste.

Personenwagen

Der Speisewagen 348/2 (4016) kam in grüner Lackierung von 1952 bis 1960. Von 1959 bis 1968 wurde er unter Nr. 4035 rot geliefert.

Die SBB-Wagenserie wurde von 1951 bis 1968 gebaut, jedoch mit einigen Änderungen. Hier der Gepäckwagen 348/4 (4017).

Zu den seltensten Modellen der fünfziger Jahre gehören die beiden braunen schwedischen „Schürzenwagen". Beide Modelle waren nur von 1957 bis 1959 im Programm. Der Liebhaberwert des D-Zug-Wagens 4020 und des Gepäckwagens 4021 ist gleich.

129

Zubehör Spur 00/H0

Seltene Kunststoffmodelle der fünfziger Jahre. Von links: Mercedes 860/1, Porsche 860/2, VW-Käfer 860/3.

Die beiden Fordmodelle gab es als Güterwagenladung. Von links: Ford 12 M 860/4, 20 M 860/4, DKW 860/6.

Oldtimer-Lieferwagenset 1889 aus Druckguß von 1992.

Aus Druckguß: Lokomobile-Kran 1891 von 1992. Rechts: Dampfwalze 1895 von 1991.

Oldtimer-Feuerwehrset 1893 aus Druckguß von 1991.

Zubehör Spur 00/H0

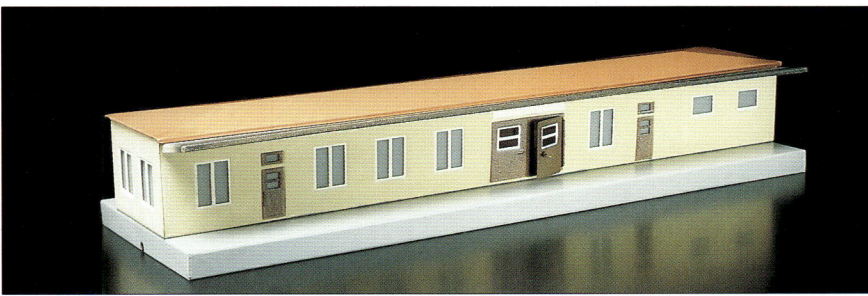

Oben links: Kleinstadtbahnhof 412 von 1935 in gelöteter Bauweise.

Oben rechts: Bahnhof 414 von 1937.

Links: Bahnhofsteil 415 von 1952.

Darunter: zugehöriger Großstadtbahnhof 419 aus der gleichen Zeit.

Unten: Bahnhof Friedrichshafen 418/1 in der letzten Ausführung von 1955/56.

131

Zubehör Spur 00/H0

Der Drehkran auf dem Mauersockel 463 wurde von 1939 bis 1954 angeboten. Er gehört heute zu den gesuchtesten Raritäten des Blechzubehörs. Hier die Ausführung von 1954.

Oben: Der rote Kran 429 auf der hellbraunen Laderampe stammt von 1937, das Exemplar auf der grauen Rampe von 1950.

Mitte rechts: Der Drehkran 464 G von 1949 besaß zwei Motoren und einen Tiefstrahler.

Mitte links: Ebenso selten ist der Portalkran 464, der die gleiche Bauzeit hat. Abgebildet ist die erste Version von 1939.

Mitte rechts: Technik und Material der Kranrollen wurden ständig weiterentwickelt. Erst Holz, dann Guß, erst groß, dann klein.

Zubehör Spur 00/H0

 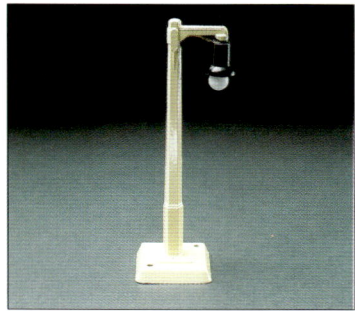 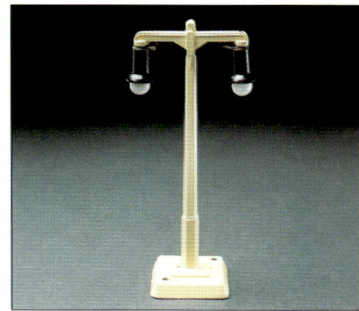

Von links: Blechbogenlampe 447, 1935–1939. Gußlampen 448/1 einarmig, 448/2 zweiarmig, 1938–1953.

  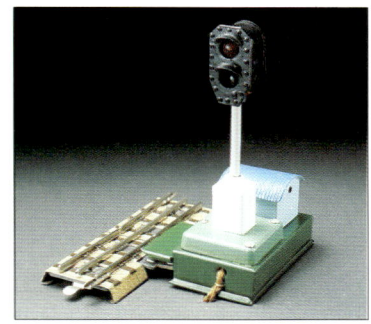

Seltene Lichtsignale aus der Vorkriegszeit. Von links: 476 N, 477 G, 478 EMG.

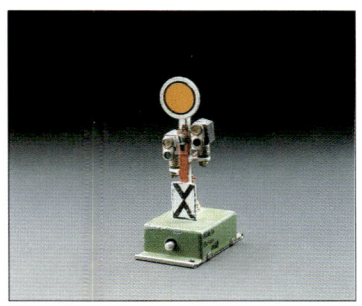 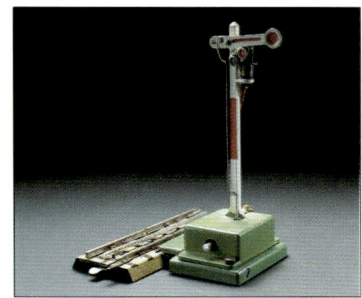 

Auch diese Signale entstammen der Vorkriegszeit. Von links: 436, 442 G, 13600 EK.

Von links: Läutewerk 438 H, Fahrdienstleiter mit beweglichem elektr. Arm 469, handbetrieben Nr. 2283.

Zwei Blechtunnel der Vorkriegszeit, 452 und 452 N. Der Tunnel 453 bestand aus Holz und „Masse".

133

Werbemodelle/Sondermodelle Spur 00/H0

Das Demonstrationsmodell mit Klarsichtgehäuse gab es 1959 im Handel. Rechts: Nur rund 50 Stück wurden 1981 von dem Pressepräsent der BR 78 angefertigt.

Die E-Lok 3828 mit der Zusatzaufschrift „Service Modell" war 1994 für die Fachhandelsdemonstration vorgesehen.

Für die Schaufensterdekoration bekam der Handel 1990 eine schwarz/silberne Version der württembergischen Dampflok 3514.

Das goldfarbene Pressepräsent hatte eine Stückzahl von ca. 100 Exemplaren, das silberfarbige Händlerpräsent dagegen rund 5000. Beide Präsente kamen 1986.

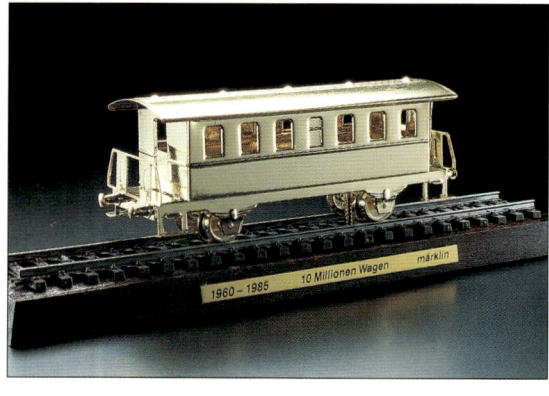 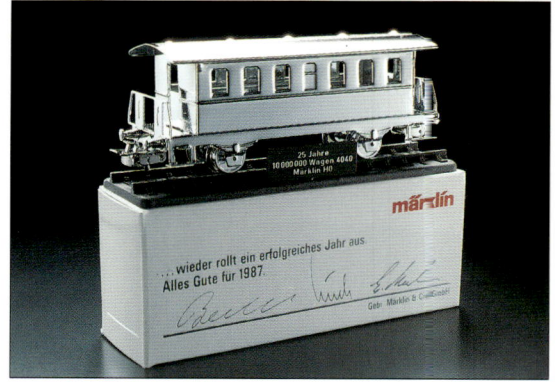

Werbemodelle/Sondermodelle Spur 00/H0

Werbemodelle und Sammlermodelle auf Basis des Kühlwagens 4415 gibt es reichlich: Remy Martin von 1983 und Coca Cola von 1984.

Douwe Egberts von 1985. Der Pfanni-Wagen mit griechischer Aufschrift von 1985 war ein echtes Werbemodell, das verschenkt wurde.

Bison Tabak, ein holländisches Modell von 1986. Kirin Beer, ein japanischer Wagen von 1987.

Kirn Pils, ein schöner Bierwagen von 1987. Ein Modell der Deutschen Gesellschaft zur Rettung Schiffbrüchiger von 1993.

Werbemodelle/Sondermodelle Spur 00/H0

Auch Kesselwagen sind beliebte Modelle für Spezialaufschriften. Haniel Heizöl von 1987. Schwedisches Q8-Modell von 1987.

Schwedischer Eka Nobel von 1987. Friesche Vlag, ein Milchwagen von 1987. Wertzuwachs ist bei Sammlermodellen kaum zu verzeichnen.

Echte Werbemodelle werden dagegen gut honoriert. Castrol Mineralöl-Wagen aus dem Jahr 1988. Ciba-Geigy-Modell von 1988.

Kiwi-Kesselwagen von 1990. STP-Ölwagen von 1990.

Werbemodelle/Sondermodelle Spur 00/H0

Containerwagen eignen sich besonders gut für diffizile Aufdrucke. Fairview von 1987.
Circus Busch Roland von 1990.

Ferrari-Modell von 1990.
Ebert-Fenster mit Klarsicht-Container von 1991.

Edler Harrods-Wagen von 1992.
EuropaModell von 1993.

Wagen zur Propagierung der neuen fünfstelligen Postleitzahl von 1993. Modell der Kunstausstellung „Züge Züge" von 1994.

Werbemodelle/Sondermodelle Spur 00/H0

Der alte Flachdachkühlwagen findet immer mehr Liebhaber. Licher Bier von 1985. Märklin-Museumsmodell von 1985.

Belgischer Wielemans-Bierwagen von 1988. Staatl. Fachingen Mineralwasser-Wagen von 1989.

Moët & Chandon Champagner-Wagen von 1992. Nostalgisches 4711-Modell von 1992.

Maggi-Würze-Wagen von 1992. Maizena-Wagen von 1994.

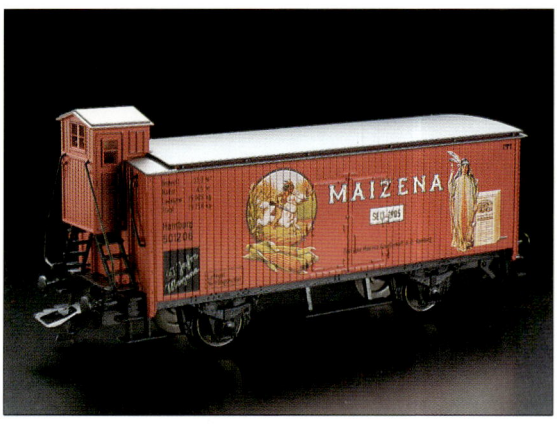

Werbemodelle/Sondermodelle Spur 00/H0

Seit einiger Zeit kreiert das Märklin-Magazin jährlich einen interessanten Wagen. Dieses Modell stammt von 1993.

Seit 1985 gibt es im Märklin-Museum ein spezielles H0-Modell. 1993 gab es dieses Set mit Beschriftung Spedition Wackler.

Die Wagenpackung Schweppes-Zug kam 1991. Für exklusive Leckerbissen sollte die 1989 erschienene Wagenpackung werben.

Internationale Luftfahrt war das Thema dieser Packung von 1991. Der Kulmbacher Bierwagenzug von 1993 ist besonders schön gelungen.

Die allerkleinste: Märklin mini-club Spur Z

Das Ziel der Modellbahnhersteller war lange Zeit, eine möglichst starke Verkleinerung der Modelle zu erreichen. Anfangs setzten Materialien und Fertigungstechniken die Grenzen. Nach Kriegsende gab es laufend Versuche von verschiedenen Herstellern, kleinere Bahnen als H0 anzubieten. 1947 kam eine „Mignon"-Eisenbahn (Spurweite 10 mm, Maßstab 1:150), die 1950 eingestellt wurde. 1950 entwickelte Rokal die Spurweite „TT" (12 mm, Maßstab 1:120), die auch heute noch in Ostdeutschland einen großen Freundeskreis hat. 1961 kam die „Arnold Rapido" (9 mm, Maßstab 1:200), die später den Maßstab 1:160, Spurweite „N" erhielt. Bis 1968 boten die Firmen Trix, Piko und Fleischmann eigene Systeme der Spurweite „N" an.

Märklin entwickelte 1962 eine Bahn in Spurweite „N", die zwei Jahre später fertig war, aber nicht auf den Markt kam. Von einem wirtschaftlichen Erfolg war man nicht überzeugt und begann deshalb mit der Entwicklung einer noch kleineren Modelleisenbahn. Märklin wählte einen Maßstab, der noch im Bereich der wirtschaftlichen Fertigung lag: 1:220 (Spurweite 6,5 mm). Gegenüber dem Maßstab 1:160 der Spurweite „N", bot die Größe 1:220 der Spurweite „Z" deutliche Vorteile bei der maßstäblichen Gestaltung einer Modellbahnanlage.

Als 1972 die Märklin mini-club präsentiert wurde, war damit die kleinste elektrische Eisenbahn der Welt entstanden. Käufer sollten weniger die Kinder, sondern eher die erwachsenen Modellbahnfreunde sein, denn die filigrane Bauweise der mini-club erforderte schon einige Geduld.

Das Betriebssystem

Das bewährte Dreileiter-Wechselstromsystem, das Märklin bei der Spurweite H0 anwendet, konnte bei der mini-club nicht genutzt werden, denn ein Punktkontaktsystem hätte die Gleise zu stark verteuert und im Weichenbereich zu sehr kompliziert. Außerdem benötigt das Wechselstromsystem in der Lokomotive, zusätzlich zum Motor, eine Fahrtrichtungsumschaltung, die einen zu großen Platzbedarf hat. Deshalb verwendet man bei der mini-club das Zweileiter-Gleichstromverfahren.

Das Material

Alle Triebfahrzeuge besitzen ein Druckgußfahrgestell, damit das Gewicht den Rad/Schiene-Kontakt sicherstellen kann. Kessel und Führerhaus der Dampflokomotiven sind ebenfalls aus Druckguß gefertigt. Die Aufbauten der Triebfahrzeuge, sowie alle Fahrgestelle und Gehäuse der Wagen bestehen, bis auf Ausnahmen, aus Kunststoff. Zur Beschwerung und zur Verbesserung der Laufeigenschaften besitzen die Wagen Metallplatten.

Der Kunststoff

Die Kunststoffaufbauten alter Wagen der siebziger Jahre können sich verformt haben. Ursache ist die Alterung des Materials. Der Weichmacher verflüchtigt sich langfristig und führt zu einer Versprödung und Schrumpfung des Modells.

Grund der Verkrümmung eines Kunststoff-Wagenaufbaus kann allerdings auch die Metallplatte sein, die zur Beschwerung auf dem Fahrgestell sitzt und ein anderes Dehnungsverhalten hat. Anfangs wurden diese Ballastplatten mit dem Fahrgestell fest verlascht.

Auch die Farbe kann unter Lichteinwirkung verblassen. Die Alterungsbeständigkeit heutiger, hochwertiger Kunststoffmodelle ist jedoch erheblich verbessert.

Das Faszinierende an der mini-club ist ihre Winzigkeit. Oft wird es als erstaunlich empfunden, daß die kleinste Modellbahn der Welt tatsächlich funktioniert.

Die allerkleinste: Märklin mini-club Spur Z

Die Oberflächen

Viele Modelle wurden während ihrer Produktionszeit sowohl mit matter als auch mit glänzender Oberfläche ausgeliefert. Dies kann jedoch nicht als Qualitätskriterium dienen. Auch ist eine nachträgliche Veränderung möglich. Die Modelle sind perfekt und lesbar bedruckt. Das ist jedoch nur mit der Lupe erkennbar. Seit 1972 wurde die Drucktechnik für die Modelle erheblich verbessert, so daß der Unterschied zwischen einem Wagen aus der Anfangszeit und der aktuellen Produktion sichtbar ist.

Die Räder

Alle Triebfahrzeuge besaßen seit Beginn Metallräder. Bei den Speichenrädern war der Radstern immer aus Kunststoff, und auch die Scheibenräder hatten ein Kunststoffinnenteil. Ab 1977 erhielten zunächst die Treibachsen von Dampfloks und später auch von E-Loks durchbrochene Speichenräder. Das heißt, die Metallräder waren nicht wirklich durchbrochen, sondern lediglich der Kunststoffradstern war es, so daß das Metall-Scheibenrad sichtbar wurde.

Die Wagen waren vom Beginn 1972 bis 1979 mit Kunststoff-Radsätzen bestückt. Dabei waren die Scheibenräder bis 1974 als Vollrad ausgeführt. Um die Laufeigenschaften zu verbessern, änderte man ab 1973 die Radform. Die Räder bekamen hinten eine ringförmige Vertiefung und damit eine geringere Materialstärke (Leichtrad), was dann auch günstigere Ergebnisse brachte. 1979 führte Märklin bei den Wagen den Metallradsatz ein, der durch sein Gewicht und die Kreiselwirkung ganz wesentlich zu einem optimierten Fahrverhalten beitrug. 1989 erhielten die neuen Wagenmodelle der Länderbahnära Metallspeichenradsätze, bei denen die Speichen aus Kunststoff bestehen. Von den Speichen ist allerdings nicht sehr viel zu sehen, denn sie werden durch das Radlager weitgehend verdeckt.

Die Kupplungen

Die Kupplungen der Märklin mini-club haben sich nur einmal verändert. Ab 1977 wurde die kantige Form des Kupplungshakens vorn oben abgeschrägt.

 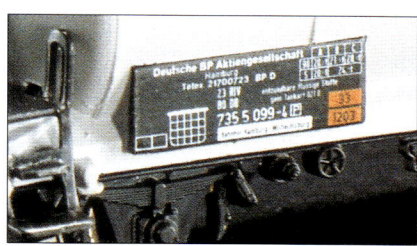

Links: Wagenschild des Kesselwagens 4613 von 1972.
Rechts: Wagenschild des Kesselwagens 4614 von 1995.
Mitte links: Radsätze mit Kunststoffscheibenrädern der Anfangszeit.
Mitte rechts: Ab 1979 kamen die Wagen mit Metallradsätzen.

 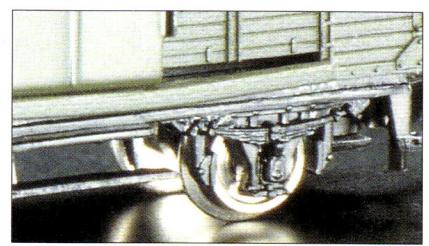

Mitte links: Speichenradsätze gab es bei Länderbahnwagen ab 1989.
Mitte rechts: die erste Version der mini-club-Kupplung.
Unten links: die heutige Version der mini-club-Kupplung.

Die Märklin-Numerierung bei der mini-club

Innerhalb der Spurweite Z werden die Ziffern folgendermaßen verwendet:
- 81.. = Zugpackungen, Ergänzungspackungen
- 82.. = Güterwagen, Zugpackungen, Wagensets
- 84.. = Gleispackungen
- 85.. = Gleise
- 86.. = Güterwagen, Wagensets
- 87.. = Personenwagen, Wagensets
- 88.. = Triebfahrzeuge
- 89.. = Zugpackungen, Oberleitung, Zubehör

Die allerkleinste: Märklin mini-club Spur Z

Oben: Das vergoldete „Krokodil" war ein Pressepräsent des Jahres 1984. Sammler zahlen heute einige Tausend DM.

Mitte: Ein transparentes Gehäuse ermöglicht den Blick auf die Technik. Von diesem Pressemodell existieren keine 100 Stück.

Diese Präsentpackung mit dem „Alpha-Erfinder" erhielten die Händler bei der Spielwarenmesse 1991 in Nürnberg auf dem Märklin-Messestand.

Märklin mini-club sammeln

Die Märklin mini-club bietet unter dem Aspekt des Sammelns einige wesentliche Vorteile gegenüber anderen Spurweiten. Da sie erst rund 20 Jahre alt ist, gibt es viel weniger Modelle, was eine Sammlung vereinfacht.

Auch läßt sich das Material leichter finden sogar im normalen Modellbahnhandel. Man ist nicht auf Eisenbahnmärkte und Auktionen angewiesen. Andererseits sind die Stückzahlen erheblich kleiner als bei der Spurweite H0, was bei einer wachsenden Sammlerzahl zu einem Wertanstieg führen kann. Obwohl bei der überschaubaren Anzahl der Modelle eine Komplettsammlung der Märklin Spur Z durchaus möglich ist, werden viele Sammler der mini-club ihre Sammeltätigkeit auf bestimmte Bereiche beschränken. Der geringe Platzbedarf einer mini-club-Sammlung ist ebenfalls ein Vorteil. Da Märklin-mini-club-Modelle heute meist noch sehr preiswert gehandelt werden, ist der Einstieg günstig.

Beim Modellbahnsammeln kann sich ein Gewinnzuwachs einstellen, aber ohne Automatik. Die Märklin mini-club hat eine gute Chance, ihren Wert nicht zu verlieren, sondern zu steigern.

Das Sammeln von Eisenbahnmodellen der Spurweite Z wird noch nicht sehr lange betrieben. Es gibt daher sicher eine ganze Reihe von Modellen, die vom Markt noch unterbewertet sind. Deshalb ist es auch nicht verwunderlich, wenn die Preisvorstellungen unter Sammlern auseinandergehen.

Sammler-/Werbemodelle

Neben dem Normalprogramm der Märklin mini-club gibt es zahlreiche Sammlermodelle, die von Märklin-Händlern initiiert wurden und meist Beschriftung und Signet lokaler Firmen tragen. Solche Modelle werden in der Regel in einer Mindestauflage von 100 Stück hergestellt. Dazu existieren viele mini-club-Modelle, die als Werbegeschenke Freude bereitet haben. Solche Stücke, machmal auch in einer Startpackung verschenkt, gehören zu den begehrtesten Raritäten. Ihre Stückzahl war meist sehr klein, und es ist sehr schwierig, daran zu gelangen.

Zum Jahreswechsel erhalten die Märklin-Händler traditionell gute Wünsche aus Göppingen und eine kleine Präsent-Schachtel mit einem mini-club-Modell. Zur Spielwarenmesse in Nürnberg gibt es ebenfalls ein mini-club-Mitbringsel.

Auch anlässlich einer Märklin-Pressekonferenz gab es schon interessante mini-club-Modelle.

Die allerkleinste: Märklin mini-club Spur Z

Wo findet man diese Modelle?

Zunächst einmal ist der Spielwarenfachhandel zu nennen. Hier kann man auch heute noch manches alte Modell finden – wohl weniger in einem leistungsfähigen Geschäft als bei einem Händler, der Märklin nur am Rande führt und sich hauptsächlich mit Haushaltsgeräten, Fahrrädern, Zeitschriften oder optischen Geräten beschäftigt. Es versteht sich von selbst, daß man auf Reisen die Gelegenheit nutzt, das Angebot der Märklin-Händler zu prüfen.

Kleinanzeigen in Eisenbahnfachzeitschriften oder in der Lokalpresse können natürlich auch Kontakte zu Eisenbahnverkäufern herstellen. Flohmärkte, Spielzeugmärkte und spezielle Eisenbahnmärkte bieten ebenfalls die Möglichkeit, mini-club-Modelle zu finden.

Der Besuch einer Eisenbahnauktion kann empfohlen werden, sofern mini-club-Modelle im Angebot sind. Besonders die „Allerweltsmodelle" können Sie auf Auktionen günstig bekommen. Die Versteigerer fassen oft ein paar Modelle zu einem Lot zusammen, das besonders preiswert ist. Man muß allerdings feststellen, daß die meisten Auktionatoren sich bisher mit der mini-club wenig befaßt haben. Die Spur Z findet man ebenso selten in den Auktionen wie die Interessenten. Das kann jedoch gerade die Chance zu günstigen Käufen sein.

Erhaltungszustand

Die Frage nach dem Erhaltungszustand stellt sich bei der mini-club meist nicht, weil die Bahn noch sehr jung ist und in großem Umfang von Anfang an gesammelt wurde. Außerdem waren die Käufer meist Erwachsene, die mit den Modellen sehr pfleglich umgegangen sind. Gesammelt werden also neuwertige Modelle mit Originalverpackung.

Verpackung

Es versteht sich von selbst, daß nicht nur die Modelle, sondern auch die zugehörige Originalverpackung neuwertig sein sollte. Anfangs wurden die Zugpackungen und Triebfahrzeuge in Kartonagen verpackt, deren farbiger Aufdruck Teakholz darstellen sollte. Der Inhalt lag in einem Kunststoff-Tiefziehteil oder bei den Startsets in einem Innenteil aus Styropor. Die Tiefziehteile waren anfangs beflockt. Später gab es glatte Tiefziehteile, zunächst matt, heute glänzend. Dazu gab es kurze Zeit einen transparenten Schuber. Heute finden wir farbig bedruckte Stülpdeckel und Kartonschuber, deren Hauptfarbe braun ist. Ein gelboranger Streifen signalisiert die mini-club-Produktfamilie. Einzelwagen sind seit Beginn in einem Tiefziehteil im Klarsicht-Kunststoffkästchen verpackt. Die Standardkästchen haben ein Stirnseitenetikett mit Produktnummer. Zu besonderen Anlässen gab es auch einmal Verpackungen, die von der Norm abwichen.

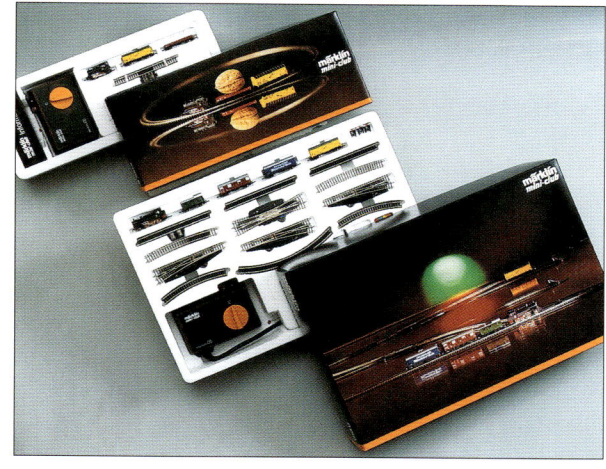

Heutige Zugpackungen sind in Schuberkartons mit Tiefzieheinsatz verpackt.

Die „Teakholz"-Packungen der Anfangszeit hatten einen Tiefzieheinsatz oder ein Styropor-Innenteil.

Die allerkleinste: Märklin mini-club Spur Z

Das Modell der Baureihe 50 der DB wurde nur im Jahr 1994 von der MHI angeboten.

Diese Version der BR 050 der DB mit Kabinentender gibt es seit 1984.

Seit Beginn im Programm: Schnellzuglok der Baureihe 003 der DB.

Von 1986 bis 1994 wurde die amerikanische Southern Pacific gefertigt.

Der Aufbau dieser BR 78 besteht aus massivem Sterling-Silber.

Dampflokomotiven Spur Z

Hier handelt es sich um eine Design-Studie der Baureihe 10 der DB.

Die Stromlinienlok BR 03.10 der Deutschen Reichsbahn kam 1994 von der MHI.

Von 1978 bis 1986 gab es das Modell der Baureihe 18 der DR.

Die Bayerische Baureihe S 3/6 wurde von 1979 bis 1988 gefertigt.

Seit 1982 gibt es das Modell der Baureihe 38 der Deutschen Bundesbahn.

Die allerkleinste: Märklin mini-club Spur Z

Oben links: Modell der E-Lok BR 144 der DB. Gebaut von 1980 bis 1991.
Oben rechts: Diese neumodische Lackierung ist bereits überholt. Gebaut von 1991 bis 1994.

Rechts: Seit 1993 gibt es die Baureihe 254 der DR (DDR) im Programm.

Mitte links: Die BR 110 mit blauem Dach brachte die MHI 1994 heraus.
Mitte rechts: Die neueste BR 111, in S-Bahn-Version, gibt es seit 1993.

Rechts: In aktueller DB-Lackierung, aber mit altem Signet: die Baureihe 120.

Die E-Lok der Baureihe 103 war lange das Flaggschiff der DB.

E-Lokomotiven Spur Z

Oben links: Die BR Re 4/4 IV der SBB gab es nur 3 Jahre in diesen Farben. Oben rechts: Seit 1993 gibt es diese Version der schweizerischen E-Lok.

Die E-Lok der Baureihe Ae 6/6, Stadt Basel der SBB, wird seit 1994 angeboten.

Seit 1983 ist die alte Baureihe Ae 3/6 II der SBB im Programm.

Die Baureihe Ce 6/8 III der SBB, besser bekannt als „Krokodil". Angeboten von 1983 bis 1987.

Seit 1979 wird die grüne Ausführung des „Krokodils" gefertigt.

147

Dieselloks Spur Z

Oben links: Von 1982 bis 1993 wurde diese BR 260 angeboten. Oben rechts: Die neurote Variante war nur von 1989 bis 1991 zu kaufen.

Links: Eine von drei Versionen der BR 221 hatte diese Farben. Rechts: in gleicher Lackierung: BR 216 der DB.

Von 1990 bis 1994 gefertigt: die Baureihe 216 der DB „Lollo". 1990 kam die Baureihe 218 der DB in einer Sonderserie.

Die Diesellok F7 ALASKA war eine MHI-Sonderserie von 1993.

Ebenfalls von der MHI stammt die dreiteilige Diesellok F7 der UNION PACIFIC, die 1994 kam.

Triebwagen Spur Z

Der zweiteilige Schienenbus der Chiemgau-Bahn wurde von 1988 bis 1994 gefertigt.

Links: Seit 1978 sorgt der Schienenreinigungswagen für Sauberkeit.
Rechts: 1994 kam der Schienenbus mit Jägermeister-Aufschrift.

Seit 1986 gibt es den vierteiligen ICE-Triebwagenzug „Inter-City-Experimental" der DB.

Ganz neu im Programm ist der vierteilige TEE-Triebwagenzug VT 11.5.

Zum Jubiläum „10 Jahre mini-club" gab es 1982 den versilberten Schienenzeppelin.

Zugpackungen Spur Z

Der preußische Personenzug 8104 mit den farbigen Abteilwagen wurde von 1981 bis 1991 angeboten.

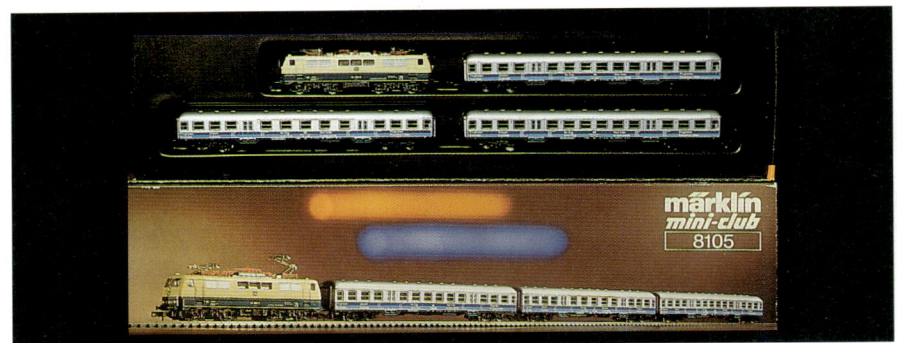

Der Nahverkehrszug mit Aufschriften des Flughafens Frankfurt/Main, 8105, war von 1983 bis 1986 im Programm.

Langenschwalbacher Personenzug 8119 der Königlich Preußischen Eisenbahnverwaltung, angeboten von 1990 bis 1994.

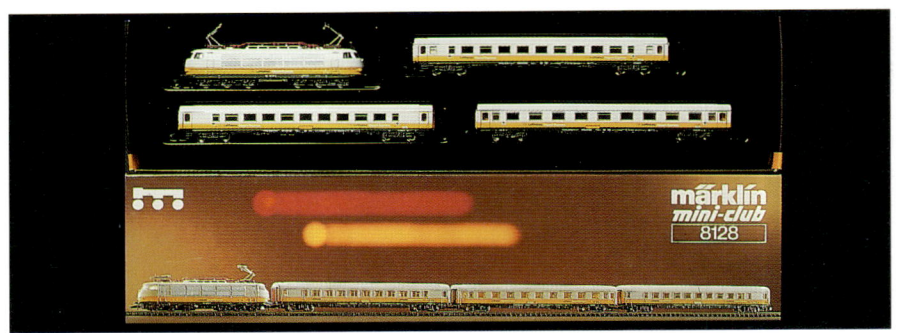

Der Lufthansa Airport-Express mit der BR 103 kam nur 1992 von der MHI.

Unten: Das S-Bahn-Wagenset 8790 mit aktueller Werbeaufschrift wurde 1993 für die MHI gefertigt.

150

Zugpackungen Spur Z

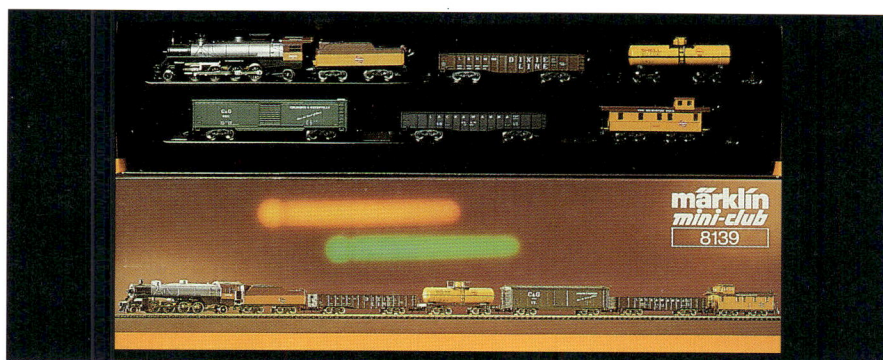

Der USA-Jubiläums-Güterzug 8139 war eine MHI-Sonderserie von 1992.

Von 1984 bis 1988 wurde der USA-Güterzug „Chessie System", 8106, angeboten.

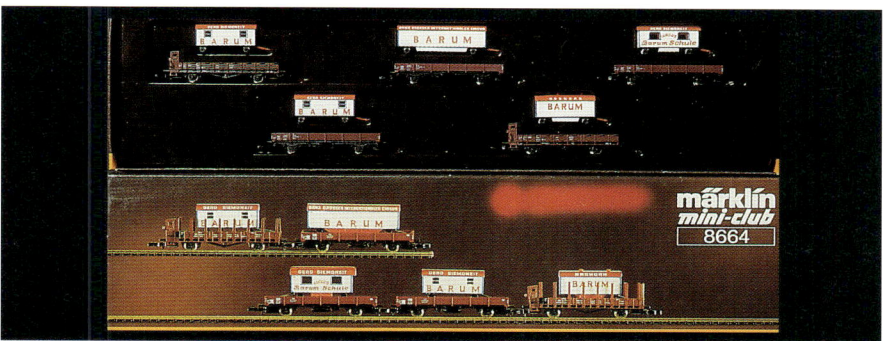

Von 1990 bis 1994 wurde das Zirkuswagenset „Barum", 8664, angeboten.

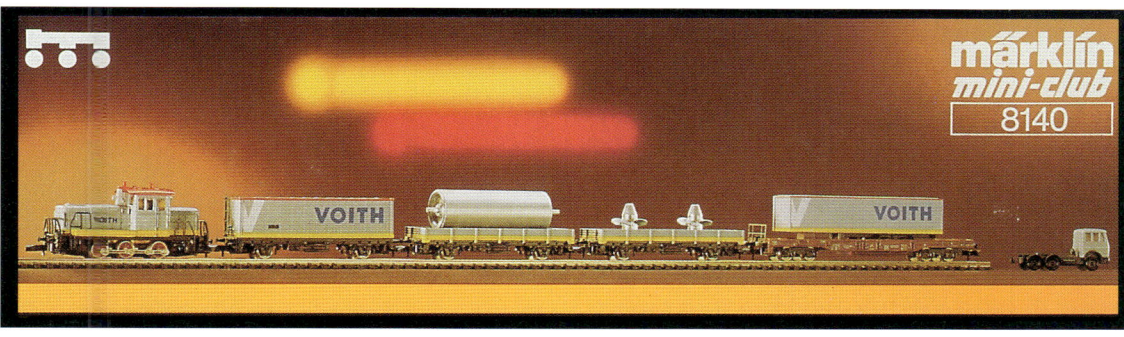

Selten: der 1993 gelieferte Werkszug „Voith", 8140, von der MHI.

Die Zugpackung 8145 „Württembergische Brauerei-Kühlwagen" wurde von der MHI offeriert.

Güterwagen Spur Z

Links: Seit 1981 gibt es den Talbot-Schotterwagen. Mitte: von 1987 bis 1990 im Sortiment: Texaco-Kesselwagen. Seit 1992 erhältlich ist der Dyckerhoff-Behälterwagen.

Links: farbiger Minol-Kesselwagen, der seit 1994 im Programm ist. Rechts: grauer EVA-Kesselwagen, von 1989 bis 1992 angeboten.

Links: Von 1987 bis 1993 wurde der offene SBB-Wagen gefertigt. Rechts: Den Teleskophaubenwagen gab es von 1987 bis 1994.

Links: neu im Programm: USA-Gondola der Burlington. Rechts: Von 1984 bis 1988 angeboten wurde der Box Car der Union Pacific.

Links: USA-Caboose „Santa Fé", gefertigt von 1984 bis 1993. Rechts: Sonderserie von 1988/89: USA-Tank Car Mobilgas.

Personenwagen Spur Z

Interessant: der Nahverkehrswagen City-Bahn, gebaut von 1988 bis 1990.

Der EUROFIMA-Schnellzugwagen der SBB war von 1984 bis 1988 im Programm.

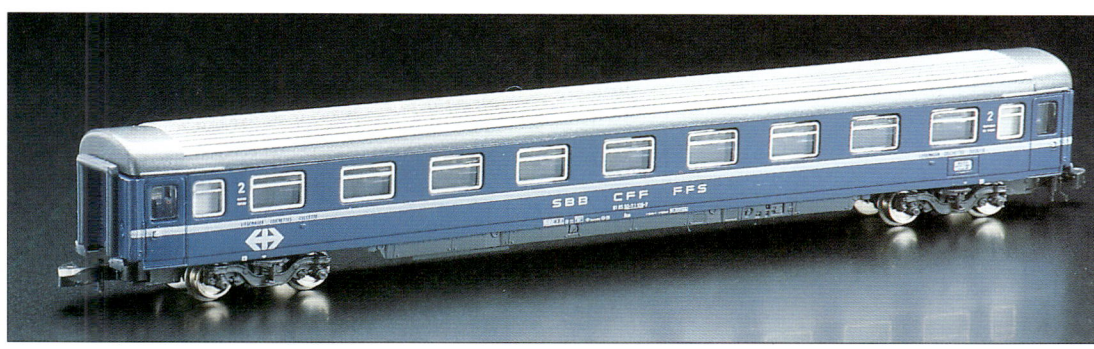

Den blauen EUROFIMA-Liegewagen der SBB gab es von 1987 bis 1994.

Exklusiv: der Pullman-Wagen „Orient Express", nur von 1989 bis 1991 angeboten.

Den Chair Observation Car (Endwagen) der Southern Pacific „Daylight" gibt es seit 1991 zu kaufen.

Werbemodelle/Sondermodelle Spur Z

Links: Bierwagen Typ 8600 Budweiser von 1986.
Rechts: Sapporo Beer, ein Wagen, der 1988 für Japan gefertigt wurde.

Links: der Bierwagen Tucher. Er kam 1988 auf den Markt.

Rechts: Für Australien wurde der Bierwagen Foster's Lager hergestellt.

Links: Wagen Typ 8661 Schwanen-Bräu von 1991.
Mitte: Rizzibräu von 1992.
Rechts: Heineken von 1995.

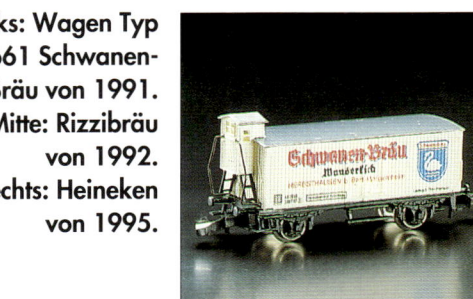  

Links: das Märklin-Museumsmodell von 1991 mit echter Holzkiste.
Rechts: Museumswagen des Jahres 1993, beladen mit einem Möbelwagen.

Links: Den Langholzwagen gab es 1992 im Märklin-Museum.
Rechts: 1995 gibt es im Museum den Weinwagen mit Holzfässern.

Werbemodelle/Sondermodelle Spur Z

Links: Kesselwagen Herberts von 1986.
Mitte: Raab Karcher, ebenfalls von 1986.
Rechts: Schweizer Migrol-Heizöl-Wagen von 1987.

Wagen der 3V Service GmbH aus dem Jahr 1987.
Mitte: Air BP-Wagen von 1990.
Rechts: Total-Kesselwagen von 1990.

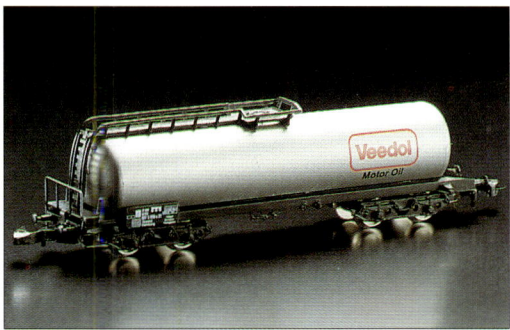 

Links: ein Sammlermodell: der Veedol Motor Oil aus dem Jahr 1989.
Rechts: Ein echtes Werbemodell ist der Hoechst-Kesselwagen von 1994.

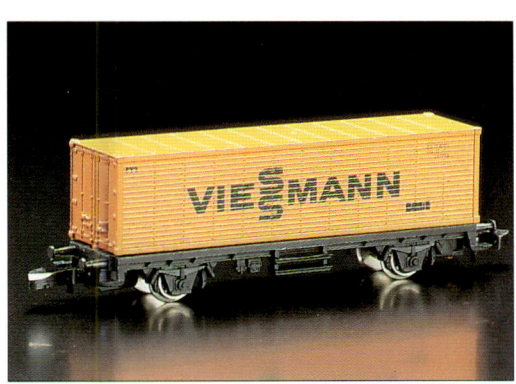 

Links: Der Containerwagen Viessmann erschien 1986.
Rechts: 1987 wurde der Containerwagen Mars gefertigt.

Links: Den Persil-Containerwagen gab es nur 1989 in Österreich.
Rechts: 1993 kam dieser Wagen anläßlich der Leichtathletik-WM heraus.

Glossar

Böschungsgleis, Dem Vorbild nachempfundenes Gleis aus Schotterbett und Gleisstück.

Brünierung, chemische Schwärzung des Metalls.

Chromolithographie, Farbdruckverfahren für den Steindruck, auch verwendet beim Blechdruck. Hier mittels Umdruckverfahren mit Gummizylinder.

Handlackierung, Grundlackierung mit Pinsel oder Spritzpistole, Zierlinien mit Pinsel, Aufschriften mit Stempel oder Pinsel.

Handmuster, In Handarbeit hergestelltes Modell, das ein einfaches Funktionsmodell oder ein fertig bemaltes Modell für die Fotografie sein kann. Wird vor der Serienproduktion angefertigt.

Koll´s Info für Insider, Informationsdienst für Sammler der Spur 00/H0 und Z.

Kurzkupplung mit Kulissenführung, Die Kulissenführung sorgt dafür, daß die Wagen auf geraden Strecken eng gekuppelt sind, sich jedoch in Kurven außen auseinanderziehen.

Lithographie, Ursprünglich Druckvorlagenherstellung für den Steindruck, heute Bezeichnung für die Druckvorlagenherstellung der verschiedensten Verfahren. Modellbahnhersteller nutzen die Lithographie für den Blechdruck.

Märklin-Insider-Club, Von Märklin geführter Club, der Produkt-Information bietet und spezielle Club-Modelle für seine Mitglieder fertigen läßt.

Märklin-Magazin, Eisenbahnzeitschrift aus dem Hause Märklin.

MHI, Märklin Händler Initiative, Zusammenschluß leistungsstarker Märklin-Händler, die eigene Sonderserien produzieren lassen.

Museumsmodell, Im Märklin-Museum gibt es jährlich wechselnde Modelle in den verschiedenen Spurweiten als Mitbringsel zu kaufen.

0-Serie, Erste Vorserie vor der eigentlichen Produktion, jedoch bereits mit den Serienwerkzeugen gefertigt, meist in einer Stückzahl von 50 bis 100. Diese Modelle werden einem harten Praxis-Test unterzogen, sie gelangen nicht in den Verkauf.

Pressemodell, Werbegeschenk an Pressevertreter anläßlich einer Presseveranstaltung.

Prototyp, siehe Handmuster.

Sammlermodell, Modell mit meist geringem Bezug zur Wirklichkeit, aber oft farbenprächtiger Firmenaufschrift. Für den Verkauf an Sammler hergestellt.

Schürzenwagen, 1951–1957: Schnellzug-Wagenserie, bei der das Fahrgestell in Wagenmitte durch Schürzen verkleidet ist.

Supermodelle 00, 1947–49: Schnellzug-Dampflok HR 800, Stromlinien-Dampflok SK 800 N, Tenderlok TP 800, E-Lok CCS 800 „Krokodil", E-Lok MS 800, Doppel-Lok DL 800, Triebwagen ST 800, Druckguß-Güterwagen.

Thermoplastik, Heiß verformter Kunststoff.

Transformator (Trafo), Spannungswandler, wandelt die Hausnetzspannung (220 oder 230 Volt) um in die niedrige Spannung für den Modellbahnbetrieb (Lichtspannung 16 Volt). Bei Märklin ist der Trafo meist gleichzeitig auch ein Fahrregler (Bahnausgang 4 bis 16 Volt).

Werbemodell, Echtes Werbemodell, wie Sammlermodell, jedoch als Werbegeschenk vorgesehen.

Museen für Blechspielzeug

Erlebniswelt Sipplingen

In der Breite 18, 78354 Sipplingen Tel.: 07551/3777, Mitte März bis 1. Nov. täglich v. 10.00 – 18.00 Uhr, Nov. bis Mitte März Samstag, Sonntag, Feiertag von 11.00 – 17.00 Uhr

Märklin-Museum

Holzheimer Str. 8, 73037 Göppingen Tel.: 07161/608289, Mo. bis Fr. 9.00 – 16.00 Uhr außer an Feiertagen

Städtisches Museum im Storchen

Wühlestr. 36, 73033 Göppingen Tel.: 07161/650427, Di. bis Fr. 14.00 – 17.00 Uhr, Sa., Sonn- u. Feiertag 10.00 – 12.00 und 14.00 – 17.00 Uhr

Spielzeugmuseum im Alten Rathausturm

Sammlung Ivan Staiger, Marienplatz 15, 80331 München Tel.: 089/294001, Mo. bis Sa. 10.00 – 17.30 Uhr, Sonn- u. Feiertag 10.00 – 18.00 Uhr

Spielzeugmuseum der Stadt Nürnberg

Karlstr. 13, 90403 Nürnberg Tel.: 0911/2313260, Di. bis So. 10.00 – 17.00 Uhr, Do. 10.00 – 21.00 Uhr

Deutsches Spielzeugmuseum

Beethovenstr. 10, 96515 Sonneberg, Di. bis So. 9.00 – 12.00 Uhr u. 13.00 – 16.30 Uhr

Spielzeugmuseum

Nagelstr. 4, 54290 Trier Tel.: 0651/75850, Di. bis So. 9.00 – 17.00 Uhr

Zum Thema Märklin 00/H0 gibt es umfangreiche Literatur aus dem Verlag Joachim Koll.

Vertiefen Sie Ihr Wissen zu Märklin 00/H0 und Z!

Man kann wohl sagen, daß altes Märklin-Spielzeug inzwischen zu einem Stück Kulturgeschichte geworden ist. Und die Raritäten aus der alten Zeit werden heute von Liebhabern gesucht. Aber welches sind die Raritäten und was sind die Allerweltsmodelle? Wie sind die alten und die neuen Stücke zu bewerten?

Koll's Preiskatalog Märklin 00/H0 kann Ihnen da Klarheit verschaffen, denn er beschreibt die Modelle, die Märklin seit 1935 in der Spurweite 00/H0 herausbrachte, mit den Varianten und der jeweiligen Bauzeit.

Er nennt Ihnen den aktuellen Liebhaberpreis, der auf Eisenbahnmärkten und Auktionen ermittelt wurde. Interessante Detailfotos von Kupplungen, Stromabnehmern, Drehgestellen, Achslagern und Schleifern verschaffen Ihnen Kenntnisse über diese Merkmale.

Bei den Modellabbildungen, die so groß sind, daß Sie auch Einzelheiten erkennen können, finden Sie eine Varianten-Nummer, die Ihnen eine genaue Zuordnung ermöglicht.

Besonders die vielen exzellenten Farbfotos vermitteln den Reiz historischer Eisenbahnmodelle.

Koll's Preiskatalog Märklin 00/H0 erscheint jährlich in ununterbrochener Folge seit 1978. Die aktuelle Ausgabe dürfte mit rund 2000 Fotos und ca. 1100 Seiten die wohl umfangreichste Publikation zum Thema Märklin 00/H0 sein.

Sie können zwischen einer leinengebundenen Gesamtausgabe und einer zweibändigen Standardausgabe wählen.

Koll's Spezialkatalog Märklin 00/H0 für Werbemodelle und Sondermodelle wird ebenfalls jährlich aktualisiert. Auf mehr als 500 Seiten enthält er rund 1100 Fotos und beschreibt über 2000 Modelle. Ein Güterwagen-Register macht die Suche nach Werbemodellen besonders leicht.

Koll's Kompaktkatalog für Märklin 00/H0 basiert auf Koll's Preiskatalog, verzichtet jedoch zugunsten eines niedrigen Preises auf Bilder. Sein praktisches Taschenformat macht ihn zum idealen Flohmarktbegleiter.

Ganz neu kommt jetzt erstmals ein Koll's Preiskatalog für die Märklin mini-club Spur Z. Er enthält das normale Produktionsprogramm seit Beginn 1972 und ist genauso aufgebaut wie die bewährte Ausgabe für 00/H0.

Die größten Raritäten finden sich bei Märklin mini-club im Spezialkatalog.

Zusätzlich gibt es einen Koll's Spezialkatalog für Märklin mini-club Spur Z, der die Sondermodelle und Werbemodelle, sowie die Exportmodelle enthält.

Alle aktuellen Ausgaben gibt es im Handel oder direkt vom Verlag Joachim Koll, Brandenburger Straße 36, D-61348 Bad Homburg. Fordern Sie unser kostenloses Verlagsprogramm an!

**KOLL'S PREISKATALOG
First Class Ticket
für Eisenbahnsammler**